PÁGATE PRIMERO

**Aprende a Ganarlo,
Ordenarlo, Multiplicarlo,
y Dejarlo ir**

de

Víctor H. Méndez Urey

Págate Primero

Primera edición: 2024

© Víctor Hugo Méndez Urey 2024. Todos los derechos reservados

Corrección de textos: Raúl Pérez Hansen

Diseño de Portadas: Edgar Rojas

Maquetación: Andrés Rosas

Nota a los lectores

Esta publicación contiene las opiniones e ideas de su autor. Su intención es ofrecer material útil e informativo sobre el tema tratado. Las estrategias señaladas en este libro pueden o no ser apropiadas para todos los individuos y no se garantiza que produzcan algún resultado en particular.

Este libro se vende bajo el supuesto de que ni el autor, ni el editor, ni la imprenta se dedican a prestar asesoría o servicios profesionales como analistas de riesgos, economistas, contadores u otros. El lector deberá consultar a un profesional capacitado antes de adoptar las sugerencias de este libro o sacar conclusiones de él. No se da ninguna garantía respecto a la precisión o integridad de la información o referencias incluidas aquí, y tanto el autor como el editor y la imprenta y todas las partes implicadas en el diseño de portada y distribución, niegan específicamente cualquier responsabilidad por obligaciones, pérdidas o riesgos, personales o de otro tipo, en que se incurra como consecuencia, directa o indirecta, del uso y aplicación de cualquier contenido del libro.

"Siempre págate a ti mismo primero."
Jon Butcher

"Una persona abundante no tiene problema en perder dinero."
Dr. Joe Dispenza

"Invierte todo lo que puedas en ti, es deducible de impuestos y nunca lo pierdes. El aprecio personal siempre será mayor que cualquier otro activo."
Grant Cardone

"No te haces rico haciendo ciertas cosas, te haces rico haciendo las cosas de cierta manera."
Bob Proctor

"Utilizo el medio ambiente como una herramienta intencional para acelerar mi riqueza."
Regan Hillyer

"Dedica el presupuesto que tienes a los recursos que necesitas."
Alejandro Novás

"Si una persona no está contenta con su recompensa, debe analizar con atención sus contribuciones."
Earl Nightingale

"El conocimiento que no se encuentra en las escuelas es la fuente de dinero que no se encuentra en un empleo."
Dan Koe

*"Uno no consigue libertad financiera
administrando la pobreza."*
Sergio Fernández

"El dinero no resolverá el aspecto mental de tu vida."
Jaspreet Singh

"Si tienes pobreza en tu vida, gánale al sol."
Alex Day

*"Cuanto más éxito tienes, más importancia le das al tiempo,
más que al dinero."*
Rich Litvin

*"Tengo suficiente dinero para el resto de mi vida,
a menos que compre algo."*
Jackie Mason

Este libro está dedicado a:

Mi primo Coco y su esposa Gachi, mis primeros mentores de finanzas y negocios.

A Sebastián Beja, Mauricio Benoist, Sergio Fernández, Jaspreet Singh, Thiago Nigro y Ramit Sethi. Quienes con cuyos cursos, videos, seminarios y contenido de alto valor pude transformar mi mentalidad y sanar mi relación con el dinero.

A mi mayor socia e inversionista, mi Madre, nadie tomó tanto riesgo como ella apostando por mí, siempre pude confiar en ella para crecer mis proyectos personales y más grandes ambiciones.

A mis hermanas y sobrinos, con quienes conecté en esta etapa más reciente de mi vida y sentí el calor y aprecio de una familia como si nos conociéramos desde siempre y hubiésemos compartido mucho tiempo juntos.

A todas esas mujeres abundantes, emprendedoras, autónomas e independientes que han formado parte de mi proceso de aprendizaje sobre vivir en abundancia.

A todos los casos de éxito de "Fortuna™" cuyos testimonios aparecen en la contraportada del libro, y que con su confianza depositada en tomar mis servicios financiaron y contribuyeron a la realización de este material para la posteridad.

Amado lector,

Te recuerdo que estamos en la misión de inspirar y ayudar a las personas a hacerse responsables, dueñas de sí mismas y tomar conciencia para crear mejores vidas partiendo de mejorar nuestras finanzas personales, porque todos nosotros, todos los lectores de este libro, deseamos lo mismo; la libertad e independencia financiera.

Sé una fuente de inspiración para quienes te rodean, porque aquellos que saben cuánto valen, harán valer más a otros.

Sácale una foto a las páginas que más conecten contigo, etiquétame y compártelo en tus distintas RRSS.

Y en el comentario de la foto pon:

#PágatePrimero

Este es un libro de Finanzas Personales e Inversiones basado en nuevos modelos de pensamiento e innovadoras estrategias de gestión para lograr una estabilidad financiera y seguridad a largo plazo sin complicadas hojas de cálculo.

El enfoque único de Págate Primero se basa en transformar tu relación con el dinero estableciendo metas financieras claras, cultivando una mentalidad abundante e implementando un sistema de presupuestación e inversiones en automático acorde a tu estilo de vida para que tengas más dinero, tiempo y energía por el resto de tu vida. Antes de que comencemos… Aquí es donde encontrarás todos los recursos e instrucciones sobre cómo sacarle mayor provecho a tu dinero. Mis sistemas de diagnóstico, opciones de inversión, métodos de ahorro y misiones para reprogramar tu subconsciente.

Al final, uno siempre escribe el libro que necesitaba leer.
Entonces, ¿estás listo(a) para a un viaje transformador hacia el dominio financiero?

Vamos a por ello…

Contenido

Prólogo

"Hay gente tan ocupada trabajando que no le queda tiempo para hacer dinero."
—Sergio Fernández

Todo se reduce a dos caminos, el carril lento –una vida de trabajo duro con poca recompensa y una jubilación insegura en una economía incierta– y el carril rápido –una hoja de ruta audaz y dinámica hacia la riqueza–. La solución no se trata solo de ganar dinero rápidamente. Se trata de aprovechar tu verdadero potencial para crear y administrar riqueza para lograr la independencia financiera ahora, no en un futuro lejano. Desglosaremos la innovadora filosofía de la vía rápida que te ofrece un plan tangible para la creación de riqueza además de romper algunos mitos.

Comencemos nuestro viaje entendiendo el "status quo", el carril lento.

Este es el camino trillado, la hoja de ruta financiera que a la mayoría de nosotros se nos enseña desde una edad temprana.

En este carril la filosofía es sencilla: continuar la educación superior. Asegurar un trabajo bien remunerado. Ahorrar constantemente una parte de tus ganancias.

Y si todo va bien… después de décadas de arduo trabajo, podrás jubilarte cómodamente.

¿Te suena familiar?

Hay una sensación inherente de seguridad y previsibilidad en el carril lento, después de todo, es un camino claro con aprobación social y una sensación de estabilidad garantizada. Pero aquí es donde debemos pisar el freno y evaluar, ¿El carril lento realmente conduce a la estabilidad financiera y seguridad a largo plazo que aspiramos? No se puede negar que el enfoque del carril lento puede acumular riqueza, pero la advertencia evidente es el tiempo. Es un proceso prolongado que demanda años de tu vida, y cuando hayas acumulado suficiente riqueza para disfrutarla, estarás cerca de jubilarte. Esencialmente, el carril lento te pide que intercambies los años más productivos de tu vida por una promesa de riqueza en el futuro.

El carril lento también te vuelve vulnerable a las variables fuera de tu control:

Inflación, Seguridad Laboral, Recesiones económicas, Fluctuaciones del mercado.

Un giro inesperado y tus planes cuidadosamente trazados pueden desviarse.

Por lo tanto, si bien el carril lento puede parecer la apuesta segura, es un camino plagado de limitaciones e incertidumbres.

La pregunta que debemos hacernos es si estamos contentos de pasar nuestros mejores años para tener una oportunidad de comodidad financiera en nuestros últimos años, o nos atrevemos a explorar una ruta alternativa –y más consciente– hacia la riqueza.

Una ruta que promete no solo riqueza sino libertad financiera en nuestros mejores años, permitiéndonos vivir la vida en nuestros propios términos.

Ese es el encanto de la vía rápida. Aquí es donde se rompe el guion tradicional y comienza el viaje estimulante y poco convencional hacia la creación de riqueza por la vía rápida de los millonarios.

Te invito a salir de tu zona de confort, a atreverte a desear la riqueza y a quererla más temprano que tarde. El carril rápido es una carretera muy diferente de su contraparte lenta.

Se trata menos de un empleo estable y más de la independencia financiera. Menos de un ahorro cauteloso y más de una inversión inteligente. Menos de depender de otros para tu futuro financiero y más de tomar el control.

Se trata de hacerse próspero de forma consciente y estratégica, optimizando oportunidades, maximizando el valor que creas y minimizando la dependencia de factores fuera de tu control.

Entiende esto, *Págate Primero* no es un esquema para hacerse rico de la noche a la mañana, sino una estrategia más inteligente para serlo.

Se trata de comprender los principios fundamentales de abundancia, creación y administración de riqueza para aplicarlos de manera inteligente y acelerar tu viaje hacia la libertad financiera.

La filosofía de este libro nos alienta a aprovechar el poder de los modelos de negocio escalables, las fuentes de ingresos pasivos y estrategias de finanzas personales. Presenta una oportunidad para cultivar y controlar nuestros activos generadores de riqueza en lugar de confiar nuestro futuro al sistema.

A través de la vía rápida, la riqueza no es una recompensa final para la jubilación.

Es una realidad accesible en la flor de tu vida, que te brinda la libertad de vivir tus mejores años en tus propios términos.

Las enseñanzas en este libro no son para todos.

Se requiere tener un espíritu aventurero, una mentalidad poco convencional y la voluntad de ir en contra de la norma. Se trata de tomar total responsabilidad de tus finanzas y adaptarlas activamente a tus sueños y aspiraciones. Es crucial recordar que esta mentalidad no incentiva el riesgo imprudente, sino, decisiones calculadas e informadas que maximizan la ganancia y minimizan el riesgo.

Esta lectura está diseñada para quien está listo para acelerar sus motores y cambiar de estrategia para que el dinero fluya con naturalidad en su vida.

En última instancia el éxito financiero proviene de saber qué juego jugar y luego jugarlo.

Cada uno de nosotros tiene un rol dentro del juego que se adapta mejor a nuestros hábitos y talentos naturales.

Entonces, ¿cómo jugamos al juego del dinero y qué personaje elegimos?

Introducción

"Para no tener qué preocuparte por dinero tienes que aprender a ocuparte primero de él."

Este libro es el resultado de mis más de siete años cómo emprendedor y profesional independiente. Con dos negocios locales muy exitosos, múltiples consultorías y varios otros modelos de negocio de por medio. He utilizado estos sistemas y estrategias exactos para tomar el control sobre mis finanzas y dejar de preocuparme tanto por el dinero y qué hacer con él.

También utilicé estos sistemas para ayudar a mis clientes a sanar su relación con el dinero, incrementar sus precios y elevar su confianza financiera. Nada de lo que hice es especial ni está remotamente fuera del alcance de otros. Sin embargo, he lidiado con los mismos problemas que la mayoría. Mi mente estuvo llena de preguntas y falta de claridad durante muchos momentos. Sé cómo se siente no tener dinero en tu cuenta, no saber qué hacer con él, la sensación de culpa detrás del derroche, el no querer mirar tus cuentas, el sentir que no entiendes de finanzas y que el dinero se te escapa de las manos o no sabes qué hiciste con él y cómo desapareció.

Sin embargo, tengo las respuestas que la mayoría de las personas buscan cuando se trata de vivir una independencia y estabilidad financiera.

Mi objetivo es brindarte todas las herramientas que necesitas para reprogramar tu mente con prosperidad, crear presupuestos inteligentes, conocer tu camino –de menor resistencia– hacia la creación de riqueza y uso inteligente de tus recursos financieros.

Págate Primero está cuidadosamente elaborado para ayudarte a poner tus finanzas en "piloto automático" de una vez y por todas para sacar tu preocupación por el dinero lo antes posible y puedas descubrir quien realmente eres… Aunque para lograrlo tendrás que esforzarte bastante (esto es necesario al menos al principio, acéptalo). El problema cuando no sabes aprovechar el dinero en tu vida, es que este consume demasiado tu pensamiento que no puedes crear resultados óptimos en las demás áreas de tu vida. Estás en modo "supervivencia".

En este libro descubrirás el arte de hacer que tu dinero trabaje para ti y dominarás el equilibrio entre ingresos y egresos.

Puntos claves del aprendizaje:

- La verdadera educación financiera implica aprender cómo funciona el dinero y aplicarlo a tu propia situación financiera.

- La educación financiera va más allá de ganar dinero; se trata de preservar y aumentar la riqueza.

- El dinero puede funcionar 24 horas al día 7 días a la semana, permitiéndote recuperar el control de tu tiempo y libertad.

- Perder dinero es una parte natural de la inversión. Los inversores exitosos se centran en ganar más de lo que pierden.

¿Quién se beneficiará más de leer este libro?

Si bien creo que todo el mundo se beneficia de una educación financiera, este libro lo recomiendo en especial para unas pocas personas selectas. Emprendedores y profesionales autónomos (ya que yo soy uno de ellos y no puedo hablar por los trabajadores asalariados porque nunca fui uno). En otras palabras, personas que poseen un negocio o prestan servicios de manera independiente. Que son dueños de su tiempo y poseen múltiples fuentes de ingreso. Que tienen desarrolladas habilidades natas de servicio y ayuda al prójimo. En consecuencia, no dependen de un salario fijo y tienen una mente entrenada a la incertidumbre de generar ingresos variables mes a mes.

¿Para quién NO es este libro?

Para aquellos que piensen que ganar más dinero es la solución a todos sus problemas. Aquellos que creen en crisis financieras o falta de oportunidades laborales. Aquellos que usan el dinero como fuente de autoestima y/o poder ostentándolo frente a otros. Aquellos que no desean tener más de lo suficiente y confían en una pensión del Estado como método de pago para subsistir.

¿Qué aprenderás en este libro?

El paso a paso para tomar control de tus finanzas personales. La mentalidad poco convencional (de abundancia) que deberás adoptar para tener éxito en el área de dinero. Cuándo comprar y cómo comprar. A conectar con tu fortuna. Sistemas de presupuestación diseñados para mantener un balance entre tus gastos, inversiones y placeres. La estrategia más rápida para generar mayor riqueza y prosperidad. La clave para crear más dinero y acciones prácticas que puedes seguir ahora mismo para comenzar a mejorar tu relación con él. Establecer contacto con personas y ambientes de alto valor además de cómo realizar tu primera inversión.

¿Cómo funciona este libro?

La lectura de este libro es sumamente interactiva. Entre comillas "" te presento los nuevos modelos de realidad e ideas poderosas. Subrayo "_" aquellas actividades y ejercicios que personalmente hice y que te invito a realizar. También encontrarás hipervínculos (en el formato digital) o códigos QR que te redirigen a material de apoyo complementario. Por último, encontrarás varias citas –*en cursiva*– con el autor respectivo citado para que puedas investigar más sobre él.

PARTE I:

¿QUÉ ES EL DINERO?

*"El dinero es una idea, el dinero va donde es invitado y se queda donde es bienvenido. La idea de que tienes que trabajar duro para conseguirlo, no es verdad.
La mayor parte de quienes trabajan más duro
son quienes ganan más poco."—Bob Proctor*

Tu estado financiero es el reflejo de tus creencias personales y tus pensamientos sobre el dinero: las emociones que sientes cuando piensas en dinero y cómo tu mente subconsciente toma decisiones financieras en automático.

Al igual que alguien que descuida su inteligencia emocional tendría problemas para alcanzar su máximo potencial, quienes descuidan su educación financiera para el dinero no pueden ser sostenible y felizmente ricos, aunque trabajen duro y hagan las inversiones correctas.

Una vez que comiences a estudiarlo, descubrirás una nueva forma en la que puedes relacionarte con tu dinero.

"No tendrás mucho de aquello que no entiendas."

Esta es una idea que escuché hace tiempo y claramente el dinero no es la excepción a la regla.

Cuando noté que tenía dificultades con el mismo decidí entonces ponerme en contacto con
aquellas personas que sí lo entendieran. (Al menos en un grado mayor del que yo lo hacía en aquel momento.)

Me di el ejercicio de escribir a la mayor cantidad de millonarios que pudiese y preguntarles: "¿Cómo ves el dinero?" "¿Cuál es la idea más valiosa que has aprendido sobre él?"

A lo que recibí respuestas muy interesantes, entre ellas te comparto dos que me influenciaron bastante:

"El dinero es energía de intercambio y es el reconocimiento o recompensa por algo que entrego. La idea más valiosa es que sanar la relación con el dinero cambia todo lo que pensamos de nosotros y de la vida. Nuestra capacidad de crearlo es ilimitada y está en nuestra vida para proveernos mucho bienestar. Con su energía neutra nosotros elegimos todo lo que queremos proyectar en él."—-Nathalia Barón.

"El dinero fue hecho para circular." —-Monica DaMaren.

Llevo meditando tiempo sobre ambas respuestas, incluso hasta la fecha de hoy, y es que me parecen totalmente iluminadoras.

Te dejo aquí entonces una primera asignación, un incentivo, si en verdad quieres comenzar a mejorar tus resultados con el dinero debes entenderlo de una manea que hasta ahora no lo haces, es por eso que te invito a <u>escribir a la mayor cantidad de millonarios que conozcas (y que te inspiren) para hacerles la misma pregunta que les hice.</u>

Este es un ejercicio que uso con mis clientes en el primer módulo de Fortuna™ (mi mentoría en finanzas personales e inversiones), y créeme que las respuestas que reciben nos llegan a sorprender a muchos. Te adelanto desde ya prohibido claudicar, pues lo más probable es que bien no sepas a quienes escribir (lo cual es normal en un principio), y la otra es que no te respondan todos, así que es tu responsabilidad no parar hasta dar con al menos 3 respuestas que comiencen a reprogramar tu paradigma sobre lo que es el dinero.

Entender que el dinero es energía también significa reconocer su flujo.

- **Gastar** minuciosamente.

- **Ganar** significativamente.

- **Ahorrar** intencionalmente.

- **Invertir** estratégicamente.

Es necesario mantener un equilibrio, pues cada decisión financiera es como ajustar las velas de un barco. Un grado de diferencia puede cambiar totalmente el trayecto del viaje.

AUTODIAGNÓSTICO

Una de las áreas donde la vocecita en nuestra mente suele frenarnos para avanzar es con el tema del dinero, pues nos llena de creencias limitantes haciéndonos pensar que no podemos vivir en abundancia.

Por eso, antes que nada, <u>aquí está un pequeño compilado de preguntas poderosas donde</u> podrás ubicar y tener muy claro **cuál es tu situación actual con el dinero.**

Este autodiagnóstico es un regalo que tú mismo(a) te haces; por eso te invito a poner tus cinco sentidos para responder, sin interrupciones y hablándote con sinceridad.

No hay respuestas buenas o malas, y responder te ayudará a darte cuenta en dónde está tu dolor de cabeza para lograr que el dinero juegue a tu favor.

<u>Responde a lo siguiente:</u>

- Lo mejor de hacer mucho dinero es…

- Lo peor de hacer mucho dinero es…

- El dinero es importante para mí porque…

- Mi mayor miedo de hacer mucho dinero es…

- Si tuviera más dinero, lo primero que haría sería…

- Al crecer, mi familia me enseñó

- que tener mucho dinero…

- Una cosa que desearía que todo el mundo entendiera sobre el dinero es…

PARTE II:
LA PARADOJA DE LA RIQUEZA

"Cuanto más dinero tienes, más oportunidades tienes de perderlo."

Sin verdadera riqueza, todo el dinero que fluye a través de ti desaparecerá.

¿Has notado cómo para algunas personas, no importa cuánto dinero ganen, simplemente lo pierden? Mientras que a muchas personas ricas les pueden quitar todo su dinero y este volverá enseguida.

Entonces, ¿Qué entendemos por riqueza…?

Verás, perder dinero no es un problema cuando no se tiene nada que perder, pero a medida que nos encontramos con un exceso de efectivo (o deuda), se abren muchas oportunidades nuevas, nuestra confianza termina por exceder nuestra competencia y el dinero desaparece.

Entonces, ¿por qué estamos tan ocupados tratando de ganar más dinero cuando, una vez que finalmente lo conseguimos, es probable que lo perdamos de todos modos?

Y, ¿por qué a las personas que consideraríamos ricas, sin importar cuánto dinero pierdan, les regresa de nuevo?

La historia de Donald Trump es legendaria: después de construir un imperio inmobiliario en la década de 1980 (en gran parte gracias a acuerdos apalancados con un alto nivel de financiación de deuda), cuando el mercado cambió en 1990, Trump ya no pudo hacer pagos de intereses, lo que le dejó con 3500 millones de dólares en deuda empresarial y otros 900 millones de dólares en deuda personal con los que lidiar.

Esto significa que tú y yo éramos alrededor de 900 millones de dólares más ricos que Trump en 1990. (Bueno yo aún no había nacido, pero entiendes el ejemplo) Aun así, en la década siguiente Trump revirtió la situación y en 2015 tenía un patrimonio neto de 4 mil millones de dólares en la lista de los 400 ricos de Forbes.

Muchos creadores de riqueza se han enfrentado a desafíos en los que han perdido una cantidad sustancial de dinero, negocios o ambos, sin embargo, se recuperan una y otra vez con facilidad.

"La paradoja de la riqueza separa la naturaleza temporal del dinero de la naturaleza permanente de la riqueza."

Cualquier dinero que tengas, eventualmente caerá (o aumentará) hasta tu nivel de riqueza.

Esto nos lleva a la definición de *"riqueza"* utilizada en "Wealth Dynamics":

"La riqueza no es cuánto dinero tienes.
La riqueza es lo que te queda
cuando pierdes todo tu dinero."
—Roger Hamilton

Personalmente también resueno con la idea de que riqueza es la cantidad de tiempo que puedes vivir sin tener que volver trabajar de nuevo, o aquella que dice,

"La riqueza es la transferencia de dinero de las personas sin paciencia a las personas con paciencia"

Este libro no trata (solo) de ganar y administrar dinero, sino de crear riqueza (tiempo). Tener una definición clara de riqueza no solo nos es útil sino también necesario para entender nuestro norte. No podemos simplemente equiparar riqueza con dinero, lo que es verdad es que te permite atraer continuamente dinero y oportunidades de la misma manera que cultivar un jardín te permite atraer continuamente pájaros y mariposas.

Usar la analogía de que el dinero como las mariposas es bastante útil. Nos permite trazar una distinción clara entre las estrategias de quienes están ocupados tratando de ganar dinero (armando la red) versus las de quienes están construyendo riqueza (el jardín).

Quieres atrapar mariposas, entonces decides construir una red. Lees libros sobre el tema y practicas habilidades para atrapar mariposas.

Descubres que estás haciendo mejoras y gradualmente atrapas más mariposas, al final descubres que algo no tiene sentido.

Después de muchos años de esta estrategia todavía necesitas despertarte todos los días y salir a cazar más mariposas. Debes aferrarte a las mariposas que has atrapado o se irán volando con rapidez. Cuantas más mariposas tengas, más difícil será aferrarte a ellas. Tienes miedo constante de que las mariposas se escapen o de que alguien con una red más grande te gane en atraparlas antes.

Seguro conoces muchas personas que se han convertido en grandes profesionales, emprendedores apasionados, expertos en ventas, marketing, gestión y servicio al cliente y todavía luchan por atraer el dinero. Siguen cuidadosamente las estrategias que aprenden y luego quedan desconcertados sobre por qué no atraen las mismas oportunidades, recursos y suerte que otras personas. Se trata de quienes intentan ganar dinero sin generar riqueza antes. Intentan cazar mariposas con una red.

Por otro lado, los creadores de riqueza no se preocupan por construir una red. En cambio, cultivan un jardín. A medida que el jardín crece, vienen las mariposas. A medida que pasa el tiempo, descubres que el esfuerzo por gestionar el jardín disminuye a medida que aumenta el número de mariposas. De hecho, las mariposas, los pájaros y las abejas acaban polinizando tu jardín por ti. No temes que las mariposas se vayan, ya que siempre vuelven más.

Si alguien te quita las mariposas, al día siguiente habrá más.

Todo creador de riqueza exitoso se concentra completamente en construir su riqueza antes que sus actividades para generar dinero. Han construido una reputación, una red de contactos poderosa, una base de conocimientos, activos y experiencia.

Este es su jardín y no se ha construido de la noche a la mañana sino en torno a su dedicación. Todos los días se despiertan a cultivar su jardín.

El gran inversionista Warren Buffett dijo una vez:

"Puede que tenga más dinero que tú, pero el dinero no hace la diferencia. Si hay alguna diferencia entre tú y yo puede ser simplemente que yo me levanto todos los días y tengo la oportunidad de hacer lo que amo hacer, todos los días. Si aprendes algo de mí, este es el mejor consejo que puedo darte".

Warren Buffett atrae mariposas de miles de millones de dólares. Cada creador de riqueza ha dejado de perseguir oportunidades y ha elegido construir una base de riqueza en torno a sus pasiones y talentos específicos. Esto no significa ceñirse a una profesión, industria o incluso país en particular. Significa ceñirse a tu rol en específico dentro del juego del dinero.

Cada persona tiene un valor diferente que crea esta atracción: *un jardín diferente que cuida.*

LA ECUACIÓN DE LA RIQUEZA

*"No te haces rico haciendo ciertas cosas,
te haces rico haciendo las cosas de cierta manera"*
—Waddles

"Hay millones de dólares por segundo fluyendo por este planeta. Los grandes creadores de riqueza han logrado su fortuna no persiguiendo este flujo, sino re-dirigiendo parte de este flujo a través de ellos mismos.

Un río es una metáfora poética de la riqueza. En su interior se encuentra un principio fundamental: el flujo.

Cada uno de nosotros crea su mayor riqueza cuando está operando desde su flujo personal. Quienes construimos un río alrededor de este caudal atraemos nuestra mayor riqueza de la misma manera que un palo arrojado a un río será naturalmente atraído por el mayor caudal.

Otro beneficio de la metáfora del río: nos proporciona una comprensión visual de *la ecuación de riqueza.*

Esta metáfora la escuché por primera vez en 2021 cuando realicé el curso de *Programación Interna de Prosperidad Online - PIPO* junto a Sebastián Beja.

Para mayor información del curso puedes dirigirte al siguiente link:

https://go.hotmart.com/W77005030K?ap=2a06

ó escanear el siguiente código QR.

Todo creador de riqueza exitoso se ha mantenido en el enfoque de **jugar su juego:** centrarse en crear valor y luego apalancarlo. Esto es lo que crea el flujo de dinero. Esta es la ecuación de la riqueza.

"La creación de riqueza no se trata de ganar dinero. Se trata de crear flujo."

RIQUEZA = VALOR x APALANCAMIENTO

El flujo de dinero sigue los mismos principios que el flujo de agua en un río. Las dos variables del río que determinarán el flujo de agua en cualquier sección particular son la pendiente y el ancho (o más exactamente el área de su sección transversal: ancho x profundidad).

De manera similar, las dos variables comparables que componen la riqueza y que determinarán el flujo de dinero son el **valor** y el **apalancamiento**. Este es el por qué:

1. Valor

El agua siempre fluirá desde terrenos elevados hacia terrenos bajos y siempre en esa dirección. El diferencial de altura determinará la velocidad del flujo de agua en un momento dado. Si duplicas la altura del río, duplicas la velocidad del flujo del agua.

"De manera similar, el dinero siempre fluirá donde haya un diferencial de valor, y siempre del valor alto al valor bajo."

2. Apalancamiento

Mientras que el valor le da al río una pendiente, el apalancamiento le da el ancho del río. Mientras que el valor determina la velocidad del flujo de dinero, el apalancamiento determina el volumen del flujo a esa velocidad.

Incluso con el mayor valor, si no hay apalancamiento, el volumen total de flujo de dinero seguirá siendo bajo.

3. Flujo del dinero

El dinero siempre fluye del valor alto al valor bajo. Si no hay diferencial de valor, no fluirá dinero.

El flujo de dinero no es la causa de la riqueza. Es el resultado final de la riqueza.

Tanto el valor como el apalancamiento tienen dos polaridades opuestas:

LOS OPUESTOS DE VALOR

Si bien la creación de valor es un requisito previo para el flujo de dinero, existen dos opuestos a la creación de valor: *Innovación* y *Momento*, y estos están relacionados con las dos *dinámicas de pensamiento* opuestas: *Intuitivo* y *Sensorial*. Toda persona exitosa financieramente aprovecha su dinámica natural de crear valor. Si no sigues tu dinámica natural, la creación de riqueza te parecerá un trabajo duro. (Y si te parece un trabajo duro, es que ya estás haciendo algo equivocado.)

1. Innovación

Todo el valor se crea a partir de nuestra forma de pensar. Algunos de nosotros nacemos con lo que llamamos pensamiento "intuitivo".

A los pensadores intuitivos les encanta proponer nuevas ideas y ponerlas en práctica. Todos tenemos algún elemento de pensamiento intuitivo, sin embargo, algunos lo tenemos más que otros. A quienes constantemente recurren a este pensamiento de "alta frecuencia" se les suele describir como personas que tienen la "cabeza en las nubes".

Pueden ver el panorama general, pero a menudo pasan por alto los detalles. No están tan centrados en lo que hay, sino en lo que podría ser.

"El intuitivo crea valor a través de nuevos productos, sistemas e ideas."

Innovar significa crear algo nuevo de valor: algo más grande, más rápido, más barato, más pequeño, más inteligente y mejor. La innovación de Bill Gates, Jeff Bezos, Richard Branson y Oprah Winfrey se ha centrado en crear nuevos productos, nuevos sistemas, nuevos negocios o una marca única.

2. Negociación

Por otro lado, mientras Bill Gates ha amasado una fortuna innovando a la vanguardia, Warren Buffett ha acumulado una fortuna sin tocar nada de alta tecnología.

Lo opuesto al pensamiento intuitivo es el pensamiento "sensorial". Mientras que los pensadores intuitivos crean valor al tener la cabeza en las nubes, los pensadores sensoriales crean valor al tener el oído en el suelo. Los pensadores sensoriales no necesitan crear nada nuevo porque tienen un sentido innato del tiempo.

¿Por qué crear algo si sabes cuándo comprar barato y vender caro? Warren Buffett, George Soros y Rupert Murdoch son personas conocidas por buscar patrones y oportunidades que otros pasan por alto.

Algunos de nosotros tenemos una tendencia más natural hacia el pensamiento sensorial que hacia el pensamiento intuitivo. Los pensadores sensoriales están alerta a su entorno y captan señales que los pensadores intuitivos pasan por alto. Mientras que los pensadores intuitivos siempre sienten la necesidad de seguir adelante, los pensadores sensoriales saben que a veces lo mejor es no hacer nada.

"El sensorial crea valor comprando barato y vendiendo caro."

El momento oportuno significa crear valor actuando en el momento adecuado.

Creadores de riqueza como Warren Buffett, George Soros, Rupert Murdoch y Donald Trump han creado valor a través de sus inversiones, transacciones y acuerdos en lugar de crear algo nuevo.

LOS OPUESTOS DE APALANCAMIENTO

El apalancamiento tiene el poder de acelerar enormemente el dinero que ganas y el dinero que pierdes. El apalancamiento en sí mismo simplemente garantiza una salida múltiple para cada entrada, ya sea positiva o negativa.

"Es esencial asegurarse de encontrar valor antes de apalancamiento y luego tener cuidado de aprovechar ese valor."

De la misma manera que hay dos opuestos de valor también hay dos opuestos de apalancamiento: *Multiplicar* y *Ampliar*, y estos están relacionados con las dos *dinámicas de acción* opuestas: *Introvertido* y *Extrovertido*. Así es como funcionan:

1. Multiplicar

Las personas que tienen una dinámica de acción más introvertida internalizan y analizan naturalmente su curso de acción, en comparación con las personas que tienen una dinámica de acción más extrovertida y trabajan mediante la consulta con los demás. Los introvertidos están orientados a los procesos y aprovechan la multiplicación.

"El introvertido apalanca respondiendo a: ¿Cómo se puede hacer esto sin mí?"

Los introvertidos se multiplican: aprovechan eficazmente donde se sienten más cómodos, tras bambalinas.

Multiplicar consiste en hacer las cosas lo más simples posible y luego hacer muchas. Creadores de riqueza como Henry Ford, John D. Rockefeller y Ray Kroc han aprovechado la multiplicación, ya sea a través de sus sistemas, inversiones o franquicias.

Los introvertidos siempre mantendrán las cosas simples, mientras que los extrovertidos tienden a hacer que las cosas parezcan más complicadas.

2. Ampliar

Por otro lado, las personas que tienen una dinámica de acción más extrovertida tienen más probabilidades de ser encontradas socializando que estudiando una hoja de cálculo. De hecho, muchos extrovertidos se han metido en problemas cuando, habiendo creado un negocio exitoso, han intentado sistematizarlo.

Los extrovertidos no están orientados a los procesos. Están orientados a las personas y aprovechan de una manera que es todo lo contrario a multiplicarse. Aprovechan magnificando.

> ## "El extrovertido apalanca respondiendo a:
> ## ¿Cómo puede hacerse esto solo conmigo?"

Los extrovertidos se magnifican: aprovechan eficazmente donde se sienten más cómodos, al frente.

Ampliar consiste en hacer las cosas lo más complejas o únicas posible para que te vuelvas indispensable. Los creadores de riqueza como Martha Stewart, Oprah Winfrey, Jack Welch y Donald Trump aprovechan esto muy bien, ya sea a través de su marca personal o su liderazgo.

DÓNDE BUSCAR RIQUEZA

"Si quieres encontrar un multimillonario, simplemente busca un grupo grande de millonarios, y el multimillonario será el que esté en el medio."

Todo gran río está rodeado de afluentes. Cuando se encuentra una nueva fuente de valor o una nueva forma de apalancamiento, pronto queda claro que los ricos no se vuelven ricos empobreciendo a otros. Se vuelven ricos haciendo ricos a otros. **Esto es posible porque el valor de una persona se convierte en el apalancamiento de otra.**

Por ejemplo, la gente con los mejores productos buscará la gente con los mejores sistemas, y viceversa.

- Bill Gates vende más software aprovechando las PC de Michael Dell y Michael Dell vende más PC aprovechando el software de Bill Gates.

- JK Rowlings vende más libros de Harry Potter aprovechando Amazon.com de Jeff Bezos y Jeff Bezos consigue más clientes aprovechando los libros de JK Rowlings.

De hecho, el valor del sistema de Amazon.com permite a todos los autores y editores aprovecharlo de manera más efectiva (como es mi caso).

Así que si aún no tienes tu ejemplar de mis otros libros de la saga puedes adquirirlos directamente a través del siguiente enlace:

https://www.amazon.com.br/Sálvate-Primero/dp/B0B85XGFV2

EN UN UNIVERSO PARALELO

¿Qué hubiera pasado si Bill Gates hubiera optado por la carrera de deportista? ¿Oprah Winfrey habría ganado millones como *trader*?

¿Warren Buffett podría haber triunfado como cantante? Warren Buffett dice que en la década de 1950 invirtió 100 dólares en un curso de oratoria de Dale Carnegie, no para evitar que sus piernas temblaran al hablar en público, sino para hablar en público mientras sus piernas le temblaban. Si alguno de estos personajes no hubiera seguido *el camino de menor resistencia a la riqueza*, hoy no habríamos oído hablar de ellos.

Cada uno de nosotros tiene un camino de menor resistencia que se basa en nuestros hábitos y talentos naturales, aquellos con los que nacimos. Si no estamos en nuestro *flow*, la vida puede ser difícil.

Cuando seguimos nuestro camino y comenzamos a jugar el juego que más naturalmente jugamos, comenzamos a sobresalir fácilmente.

También descubrimos que estamos haciendo lo que amamos. Esa es la mejor parte de todo.

Se han dado muchas explicaciones de por qué algunos de nosotros adquirimos grandes riquezas y otros no. "Bueno, él/ella nació con dinero", "El/Ella tiene talento y carisma que yo simplemente no tengo", "El/Ella obviamente es un gran líder y yo no".

"Nuestra mayor excusa para no actuar hoy es que creemos que no tenemos lo necesario para hacerlo mañana."

TU PERFIL DE RIQUEZA

Como vimos anteriormente:

- Algunos de nosotros pensamos más con la "cabeza en las nubes", donde creamos valor a través de la innovación.

- Algunos de nosotros somos más "sensoriales", creando valor a través del tiempo.

- Algunos de nosotros actuamos más a través de las personas y somos más extrovertidos. La forma natural de aprovechar es ampliar.

- Algunos de nosotros actuamos más a través de datos y somos más introvertidos. La forma natural de apalancarse es multiplicarse.

Los perfiles de riqueza te ayudarán a descubrir un camino más natural hacia tu éxito financiero. El mío es *mecánico* (como Mark Zuckerberg y Benjamin Franklin), *pensamiento intuitivo combinado con acción introvertida.*

En este libro no cubriré los ocho perfiles de riqueza porque ese es tema para otro libro entero (y que ya ha sido escrito por cierto), te invito a conocer tu perfil más a detalle en el website oficial: https://wealthdynamics.geniusu.com/ (puedes usar el cupón "WELCOME50" para un descuento del 50%)

Nuestro perfil de riqueza es el juego que jugamos cuando estamos en nuestro flow. Cuanto más tiempo invertimos en entrar en armonía con nuestro perfil, antes entraremos en nuestro flow.

"Todo el mundo es un genio. Pero si juzgas a un pez por su habilidad para trepar un árbol, vivirá toda su vida creyendo que es estúpido."
—Albert Einstein

Al conocer tu perfil de riqueza, tu "genio", podrás seguir tu camino natural en la vida. Tienes una forma natural de ganar dinero, aprender, liderar, vivir y amar. Tienes una fórmula natural para ganar y una fórmula para perder.

Podrás entrar en flujo y ayudar a otros a entrar en su flujo también. Cuando estás en tu *flow*, haces las cosas que mejor haces y que te dan más energía.

Todos nacemos siendo excelentes en algo, sin embargo, a medida que crecemos, descubrimos todas las cosas en las que no somos tan buenos. Así que nos pasamos la vida sintiéndonos mal por esas cosas, trabajando en nuestras debilidades naturales mientras damos por sentado nuestras fortalezas naturales.

¿Por qué intentar ser otra cosa cuando ya eres tú por naturaleza? ¡Eres suficiente!

Cuando tomamos conciencia de nuestro genio natural, es como si se encendiera una luz. De repente nos damos cuenta de que no necesitamos centrarnos en nuestras debilidades para tener éxito. Simplemente necesitamos seguir un camino que aproveche nuestras fortalezas naturales.

Personalmente tuve la bendición de nunca trabajar por dinero en un trabajo convencional de ocho horas, y dedicarme a generar ingresos con actividades que eran mi pasión.

Si conoces el juego del dinero para el que eres más adecuado y las reglas de ese juego, ahora podrás concentrarte en ser el mejor en él. Y aquí hay una verdad sobre los deportes: a veces las reglas de un deporte son exactamente opuestas a las de otro. Por ejemplo, si estás jugando al fútbol, la regla es que pateas la pelota; no recogerla con las manos. En el baloncesto, la regla es levantar la pelota; no patearla.

Del mismo modo si estás jugando un juego que no es el tuyo te garantizo que te sentirás frustrado, ya sea que trabajes en tu propio negocio o para otra persona.

He visto empleados que anhelan dejar sus trabajos porque están luchando en un ambiente que los hace miserables, pero no saben cómo reemplazar sus ingresos con algo que aman.

Cuando descubren su potencial sumado a su perfil de riqueza, algunos de repente ven un camino a seguir y tienen el coraje de actuar, mientras que otros simplemente cambian lo que están haciendo en su trabajo y de repente aman su vida con una carrera en la vía rápida.

He podido notar con los años que la mayoría de los emprendedores a quienes he ayudado con sus finanzas (y a ordenar su vida en general) tienen dificultades a la hora de gestionar sus propias cuentas detalladamente; esto es porque su perfil de riqueza comúnmente es más de *pensamiento intuitivo y acción extrovertida*. Son muy buenos para crear valor y ganar dinero, ese es su genio, ese es su juego, por eso son emprendedores.

Solo que no son muy buenos al momento de prestar atención a los detalles de cómo gestionar esos ingresos porque ese ya es un juego más de *acción introvertida*. Mi juego, por ejemplo.

Solo comprendiendo mi genio pude ver un camino a seguir que era natural para mí, por eso digo que tu perfil de riqueza es tu brújula para navegar por un plan maestro millonario.

Después de muchos estudios, queda claro que la creación de riqueza no es consecuencia de una infinidad de teorías empresariales a veces contradictorias, sino de conceptos probados que se han utilizado con éxito durante miles de años en una amplia gama de culturas y filosofías.

DIVERSIFICA TUS INGRESOS

Ampliar tu riqueza no es solo un deseo; es una necesidad. Depender únicamente de una única fuente de ingresos puede limitar tu riqueza y poner en riesgo tu patrimonio.

Al diversificar tus fuentes de ingresos, no solo mejora tu potencial de ingresos, sino que también crea una protección contra las incertidumbres.

Diversificar tus ingresos no se trata solo de llegar a fin de mes: se trata de empoderarse para lograr la vida que has imaginado.

1. La riqueza de Oportunidades en Internet

Internet ha revolucionado la forma en que trabajamos, brindando oportunidades para generar ingresos más allá de las estructuras laborales tradicionales.

Ha evolucionado hasta convertirse en un mercado global que trasciende las fronteras geográficas, permitiendo a las personas acceder a diversas fuentes de ingresos desde la comodidad de sus hogares.

He aquí un vistazo de cómo Internet ha transformado la generación de riqueza:

- **Emprendimiento digital:** Imagínate sacar provecho de tu pasión. Internet ha dado origen a un mundo de emprendedores digitales que monetizan sus habilidades, conocimientos y pasatiempos a través de negocios en línea. Desde el comercio electrónico hasta la creación de contenido, hay un espacio para que todos contribuyan y ganen.

- **Trabajo independiente:** Visualiza un mundo donde tu experiencia no conozca límites geográficos. Las plataformas de trabajo independiente y redes sociales te conectan con clientes que buscan tus habilidades, ya sea redacción, diseño gráfico, programación o consultoría. Internet borra las barreras físicas y te permite ganar dinero desde cualquier lugar.

- **Mercados en línea**: Mírate vendiendo a una audiencia global. Los mercados en línea como eBay y Amazon te permiten exhibir y vender productos a una amplia base de clientes, ampliando tu alcance más allá de los mercados locales.

- **Inversiones digitales:** Considéralo como plantar semillas de crecimiento financiero. Las plataformas en línea te permiten invertir en acciones, bonos, bienes raíces e incluso empresas emergentes, ofreciendo rendimientos potenciales que pueden diversificar tus fuentes de ingresos.

Ya sea que te estés aventurando en el mundo empresarial, las consultorías como independiente, las ventas en línea o las inversiones digitales, cada flujo de ingresos contribuye a la fortaleza de tu riqueza.

Más ingresos abren más puertas a oportunidades que no solo pueden transformar tu panorama financiero sino también enriquecer tu calidad de vida.

Piensa, ¿Cómo puedes añadir una línea más de ingreso a tu negocio?

2. La Importancia De Ganar Más Dinero Para Impulsar Tu Riqueza

> **"Necesito tener más dinero para invertir en mi educación financiera. Al contrario. Necesitas invertir en tu educación financiera para tener más dinero."**

Ganar más dinero no se trata solo de tener dinero extra; es como darle a tu sistema financiero un impulso de energía.

Piensa en tu sistema financiero como en un automóvil: cuanto más combustible tenga, más lejos podrá llegar.

Cuando ganas más, no solo cubres tus necesidades básicas diarias, sino que también creas espacio para ahorrar, invertir y alcanzar otras metas.

Así como un automóvil necesita combustible para moverse, tu sistema financiero necesita ingresos para crecer. Más dinero significa mayores oportunidades.

Aquí hay algunas razones que resaltan la importancia de ganar más:

- **Construir una red de respaldo**: Ganar más dinero te permite crear una red más robusta de seguridad para emergencias de manera más rápida.

- **Mejorar el estilo de vida:** Más ingresos te permiten disfrutar de una mejor calidad de vida, brindándote la oportunidad de disfrutar de experiencias y pasatiempos que te agradan.

- **Brindar seguridad:** Los ingresos adicionales contribuyen a tu estabilidad financiera, permitiéndote manejar eventos imprevistos y cambios inesperados en tu vida con confianza.

- **Crear oportunidades:** Ganar más dinero abre puertas a oportunidades que quizás no hayas considerado antes, lo que te lleva al crecimiento personal y profesional.

- **Preparación para la jubilación**: Ganar más dinero te permite ahorrar más para la jubilación, lo que garantiza un estilo de vida cómodo y seguro para los años donde ya no desees trabajar.

En última instancia, ganar más dinero te brinda opciones: la capacidad de tomar decisiones basadas en tus metas y deseos y no en tus limitaciones.

Sin embargo, hay una habilidad crucial que distingue a quienes consiguen el éxito financiero, y no es necesariamente su capacidad de generar grandes cantidades de dinero.

"No importa cuánto ganas, sino con cuánto te quedas."

PARTE III:
LA HABILIDAD QUE NECESITAS
"MONEY MANAGEMENT"

"Más dinero sin educación financiera generalmente significa más problemas financieros."

Es una habilidad que cualquiera puede aprender siguiendo los pasos correctos para reprogramar su cerebro. Y cuando lo hagas, de inmediato empezarás a experimentar el dinero y la vida de una forma completamente nueva.

Primero lo primero:

Ser rico no es lo mismo que ser millonario para empezar. Si tomáramos una habitación llena de personas al azar y le diéramos a cada una un millón de dólares, eso no los haría ricos. Al cabo de seis meses, muchos habrán perdido el dinero. Dentro de dos años, la mayoría habrá perdido la mayor parte del dinero y solo unos pocos habrían terminado con más.

"El 90% de las familias pierden su patrimonio en la 3ra generación."

"27% de la población no tiene 1$ ahorrado para su jubilación."

"70% de los ganadores de lotería
lo pierden todo en 3 años."

¿Por qué tantas personas que heredan una fortuna o ganan la lotería terminan perdiéndolo todo y acaban mal o incluso peor que cuando comenzaron?

"Administrar dinero es como tener sexo…
todos creen que son buenos haciéndolo."

En 2004, Sharon Tirabassi ganó un premio mayor de lotería de 10 millones de dólares. En 2023 Sharon volvió a ser noticia. No porque hubiera ganado otra lotería… sino porque ya había perdido todo su dinero.

Si bien muchos niegan que serían tan descuidados, ¿por qué entonces la mayoría sigue trabajando tan duro, ganando tanto y todavía tienen tan poco que mostrar? Existe una idea peculiar con la que muchos de nosotros nos topamos a medida que ganamos más dinero. Esta idea garantiza que ser "rico" sin haber acumulado *riqueza* siga siendo una condición terriblemente temporal.

Para evitar caer en esta condición necesitamos de una habilidad crucial que a menudo distingue a quienes logran el éxito financiero de quienes no lo consiguen.

Pues ganar dinero es una cosa, sin embargo, mantenerlo y hacerlo crecer es otra.

No se trata solo de cuánto ganas, sino de qué tan bien administras lo que ganas.

*"Controla tu dinero para que la falta de él
no te controle."*
—Víctor H. Méndez Urey

La administración del dinero consiste en tomar decisiones financieras inteligentes. Se trata de asegurarte de que tus hábitos financieros respalden tus metas financieras. Entonces, ¿cómo mejorar tus finanzas personales? Cuanto más sepas sobre la administración del dinero, mejores decisiones podrás tomar.

Recuerda, las finanzas personales no se tratan solo de números, se trata de libertad. Cuanto mejor administres tu dinero, más tiempo, dinero, estabilidad y seguridad financiera tendrás. Así que ahorra, presupuesta, invierte y deja que tu dinero sea una herramienta que te ayude a alcanzar tus sueños.

*"Solo hasta que aprendamos a administrar lo
poco, seremos capaces de administrar lo mucho."*
—Ley de Espiritualidad

En un mundo de mercados en constante evolución y oportunidades dinámicas, la clave para la creación de riqueza no reside solo en las estrategias financieras, sino también en cultivar una mentalidad de crecimiento que se adapte y prospere.

La riqueza (sobre todo generacional) no se construye de la noche a la mañana; es un maratón que requiere planificación estratégica, resiliencia y una perspectiva visionaria.

Entonces, estás a punto de explorar una nueva forma de pensar que te permitirá construir y sostener riqueza en un mundo en constante cambio.

Este libro está pensado en brindarte educación financiera (la misma que yo obtuve y hubiese querido tener desde antes). Si tienes preguntas específicas sobre tu situación, habla con un asesor o consultor financiero autorizado en tu área. Dicho eso, comencemos…

1. MENTALIDAD

¿Cuál es el nuevo éxito financiero?

- No es el carro importado, son los activos internacionales.
- No es el último iPhone, es poseer acciones de Apple.
- No es la casa nueva, son los fondos de inmuebles.

"Deja de comprar cosas que no necesitas para impresionar a personas que ni siquiera te caen bien o les importas."

Seamos realistas: el dinero no se trata solo de números y gráficos.

Tu forma de pensar da forma al lente a través del cual ves las oportunidades y los desafíos en el mundo financiero.

Veamos más de cerca las dos mentalidades que pueden afectar significativamente tus resultados con dinero.

"Mentalidad de Abundancia
vs
Mentalidad de Escasez."

Estas mentalidades influyen en gran medida en tu percepción del riesgo, las oportunidades y tu capacidad para navegar por las complejidades del mundo financiero.

Mentalidad De Abundancia

"Sé la persona que empieza a pensar distinto."

Una mentalidad de abundancia es una creencia activa de que tus esfuerzos, educación y perseverancia pueden conducir a resultados positivos.

Cuando se posee una mentalidad de abundancia y crecimiento, los desafíos se convierten en peldaños en lugar de obstáculos. Y todo se convierte en una oportunidad para aprender y mejorar, y los fracasos son solo lecciones valiosas en el camino hacia el éxito.

- Cambia la manera en la que te expresas acerca del dinero.

- Cambia la manera en la que piensas acerca del dinero.

- Comienza a usar tu tiempo con sabiduría.

- Conoce tu propósito de riqueza.

Mentalidad De Escasez

Por el contrario, una mentalidad de escasez limitada tiene sus raíces en el miedo y la percepción de carencia. Esta mentalidad puede generar vacilación, oportunidades perdidas y resistencia a asumir riesgos calculados. A menudo surge de una creencia fija de que los recursos son escasos y que cualquier pérdida es irreversible.

Superar esta mentalidad es clave para desbloquear tu potencial financiero.

Una mentalidad abundante es como un par de binoculares: te ayuda a ver el panorama más amplio. Cuando te enfrentas a una situación difícil en tus finanzas, una mentalidad de abundancia te anima a centrarte en el potencial de recuperación y crecimiento.

Por otro lado, una mentalidad de escasez puede compararse con mirar a través de un túnel estrecho. No importa cuánto mires, solo verás lo negativo frente a ti.

Una mentalidad de escasez puede llevarte a creer que los contratiempos son obstáculos insuperables, en lugar de momentos para aprender y mejorar.

Imagínate este escenario: dos inversores se enfrentan a una corrección del mercado.

Uno con una mentalidad abundante lo considera una oportunidad para comprar acciones con descuento, mientras que otro con una mentalidad de escasez entra en pánico y vende por miedo. ¿Qué inversor crees que tiene más probabilidades de obtener beneficios a largo plazo? (Ya iremos profundizando más en temas de qué es y cómo invertir.)

Por qué tu forma de pensar es la base de tu éxito

Tu estado actual es resultado de tu manera de pensar con lo que ya tienes:

- Persona sin dinero + Mentalidad de escasez = Pobreza
- Persona con dinero + Mentalidad de escasez = Quiebra
- Persona con dinero + Mentalidad de abundancia = Riqueza
- Persona sin dinero + Mentalidad de abundancia = Prosperidad

Pobreza: Carencia de recursos básicos

Quiebra: Incapacidad de pagar deudas

Riqueza: Abundancia de recursos económicos

Prosperidad: Bienestar y éxito económico sostenible

Imaginemos que tu forma de pensar es el motor de un coche. Por muy avanzado que sea el vehículo, sin un motor funcional no llegará muy lejos.

De manera similar, no importa cuánto sepas sobre ventas, marketing, acciones, bonos o mercados, sin la mentalidad adecuada, tu viaje financiero podría estancarse.

Tu forma de pensar afecta tus decisiones, tu tolerancia al riesgo y tu capacidad para mantenerte comprometido durante las fluctuaciones de la economía. Influye en si mantienes el rumbo en tiempos difíciles o si tomas decisiones impulsivas basadas en el miedo.

Al fomentar una mentalidad positiva y orientada al crecimiento, estás construyendo una base sólida para tu éxito financiero. A continuación, te presento algunas razones por las que comprender y fomentar la mentalidad adecuada es fundamental:

- **Te ayuda a** tomar decisiones de inversión informadas, alineando las elecciones con los objetivos.
- **Refuerza** la resiliencia en momentos inciertos y considera los reveses como oportunidades para perfeccionar las estrategias.
- **Fomenta** la asunción de riesgos y la innovación, revelando valiosas oportunidades.
- **Incentiva** el aprendizaje continuo para adaptarse a la economía en evolución.

Recuerda, *"money management"* no se trata solo de dinero; se trata de tu forma de pensar, sentir y actuar frente a desafíos.

Al reconocer la influencia de tu forma de pensar, ya estás dando un paso importante hacia la construcción de una base sólida para la creación de riqueza y tu libertad financiera.

**"Todos queremos riqueza, pero no todos tienen
la paciencia y constancia para modificar
el pensamiento y hacer el trabajo interno
para conectar con esa energía."**

2. CREA TUS BASES FINANCIERAS

**"Saca tu preocupación por el dinero lo antes posible
para que puedas descubrir quien realmente eres.
El problema, cuando no tienes suficiente dinero en tu vida
es que este consume demasiado tu pensamiento
que no puedes avanzar en las demás áreas de tu vida.
Estás en modo supervivencia."**

Imagínate construir un rascacielos imponente sin una base sólida: se derrumbaría por su propio peso.

De manera similar, tu viaje financiero requiere una base financiera sólida.

Crear un colchón financiero y aprender a administrar la deuda te ayudará a sentar las bases mientras inviertes para obtener riqueza.

Una base sólida garantizará la estabilidad, pero también sentará las bases para un crecimiento notable y un éxito en las inversiones.

"Ahorrar tus primeros $2000 y de 3 a 12 meses de expensas básicas es un paso crucial hacia la seguridad financiera y la creación de riqueza."

Estos ahorros iniciales sentarán las bases de tu viaje financiero al brindarte: una red de seguridad, permitir inversiones futuras y fomentar una mentalidad de administración responsable del dinero.

"Nunca he creído en el ahorro, porque nunca supieron explicármelo." —Jurgen Klarich

Ahorrar te ayuda a crear:

- **Seguridad financiera**: Antes de sumergirte en inversiones o el mundo del emprendimiento, tener un fondo de emergencia es vital. Te protege de gastos inesperados, lo que te impide aprovechar tus recursos, o acumular deudas con altos intereses.

- **Capital de inversión futura**: Estos fondos te brindan el capital para financiar futuras inversiones en acciones, bienes raíces u otras oportunidades.

- **Hábitos de gestión saludables**: El ahorro temprano fomenta la responsabilidad financiera. Reservar ingresos con regularidad genera disciplina y mentalidad de gratificación retrasada. Esta mentalidad es valiosa para decisiones de inversión pacientes y a largo plazo.

Recuerda, ahorrar tus primeros "dólares" es más que una meta financiera; es una declaración de tu intención de controlar tu futuro financiero.

Entonces, ¿cómo crear tus primeras dos cuentas de ahorro?

Ahorrar puede parecer desalentador, sin embargo, con una estrategia bien diseñada, se convierte en un esfuerzo gratificante que da forma a tu panorama financiero.

A continuación te explico cómo puedes ahorrar de forma eficiente:

1. Establece Metas Financieras Claras Y Concretas

"Menos del 25% de la población escribe sus metas financieras." —Jake Ducey

Tómate un momento para visualizar tu objetivo.

¿Cuáles son tus aspiraciones?

Ya sea que se trate de establecer un fondo de emergencia, financiar las vacaciones de tus sueños o invertir en tus primeras acciones, tener objetivos financieros claros enciende tu motivación y proporciona una hoja de ruta para tu proceso de ahorro.

En este caso, ya tienes el primer monto objetivo de los $2000 para tu primera cuenta de ahorro. Y para tu segunda cuenta de ahorro te toca hacer el siguiente ejercicio: (que por cierto también uso con mis clientes en la mentoría de Fortuna™).

<u>Toma nota de aquí en adelante de tus gastos a diario, primero hazlo durante los próximos siete días, y multiplica ese valor por cuatro para entender un estimado de tus gastos al mes.</u>

Sigue realizando el mismo ejercicio durante al menos un mes para validar la información previamente adquirida, recuerda, al realizar un seguimiento meticuloso de tus egresos obtendrás información sobre tus patrones – inconscientes– de gastos y podrás tener una cifra más clara de cuánto necesitas ahorrar para cubrir de 3-12 meses de expensas básicas según tu estilo de vida.

*Importante, una vez alcanzados dichos montos de ahorro el juego es otro, ya no se trata más de ahorrar sino de usar tu dinero para hacer más dinero. (Más adelante hablaremos de esto.)

2. Hazlo Un Hábito, Simplifica El Éxito

Transforma el ahorro en un hábito. Es decir, configura transferencias automáticas desde tu cuenta corriente a tu cuenta de ahorros dedicada.

Tratar tus ahorros como una factura no negociable garantiza un progreso constante y elimina la tentación de desviar fondos a otra parte.

3. Para El Desangrado Financiero

Tras echar un vistazo más de cerca a tus gastos diarios y mensuales (tarea que hiciste para entender tu número de expensas básicas), ¿ves áreas donde se puede recortar? Sacrificar esa suscripción a Netflix, Spotify o esas compras impulsivas puede liberar fondos importantes que te impulsarán hacia tu objetivo.

Este viaje no se trata de privarse, sino de tomar decisiones conscientes que se alineen con nuestros objetivos financieros.

Cada dólar que ahorras te acerca un paso más a alcanzar tu meta de los $2000 y de 3-12 meses de expensas básicas, sentando las bases para tus aspiraciones financieras más amplias.

Otro paso importante es (si es que aplica),

***Paga Tus Deudas**

*"En una cultura donde se celebra la deuda,
hemos perdido un nivel de vergüenza
que deberíamos tener... En los tiempos
de nuestros abuelos no estaba bien
deberle dinero a la gente."—George K.*

Pagar deudas con intereses elevados no es solo una decisión financiera, es un paso estratégico en el presente para asegurar tu futuro.

Imagina tu viaje a la libertad financiera como un camino a través de un bosque. Para navegar con éxito, debes eliminar los obstáculos en tu camino. Las deudas con intereses altos pueden ser esas ramas rebeldes que frenan tu progreso.

Las deudas agotan tus recursos a través de los intereses, lo que dificulta tu capacidad para invertir y generar riqueza. ¿Por qué abordar las deudas con intereses elevados?

"Pagar pronto te libera energéticamente."

1. Minimiza la fuga financiera

Las deudas con intereses elevados consumen tus ingresos y te dejan poco espacio para ahorrar e invertir. Una vez que las pagues, tendrás más dinero que podrás utilizar para generar más riqueza.

2. Costos de la deuda

Las deudas con intereses altos conllevan algo más que el monto principal: los pagos de intereses se acumulan y agotan tu cuenta bancaria. Pagar estas deudas redirige el dinero de los intereses a tu bolsillo.

3. Mejora de la salud financiera

Reducir la deuda mejora tu estabilidad financiera, lo que te facilita capitalizar futuras oportunidades crediticias con mejores condiciones.

4. Aumenta tu confianza financiera

Liquidar deudas con intereses altos no se trata solo del dinero ahorrado, se trata de la victoria psicológica que potencia tu viaje financiero.

5. Sienta las bases para la inversión

Así como no construirías una casa en un terreno inestable, tampoco querrías invertir cuando la deuda se avecina.

Liquidar deudas con intereses elevados te proporciona una base sólida para tomar decisiones de inversión estratégicas e informadas.

"Bola de nieve" vs "Avalancha"

Cada método ofrece un enfoque único para la reducción de deudas, permitiéndote elegir el que mejor se alinee con tus objetivos y personalidad.

1. Método "Bola de Nieve"

Es una estrategia de pago de la deuda que se centra en la motivación psicológica para eliminar las deudas.

Con este enfoque, comienzas pagando primero tus deudas más pequeñas mientras mantienes los pagos mínimos en las deudas más grandes.

A medida que se paga cada pequeña deuda, los fondos liberados se transfieren a la siguiente deuda más pequeña.

Esto crea un efecto de "bola de nieve", que gradualmente genera impulso y motivación a medida que eres testigo de un progreso visible.

Así es cómo funciona:

- **Enumera las deudas de menor a mayor**: Alinea todas tus deudas, comenzando con la que lleva el menor saldo y terminando con la más grande.

- **Paga los mínimos en todas las deudas**: Continúa realizando los pagos mínimos en todas las deudas para garantizar que te mantienes al día.

- **Céntrate en la deuda más pequeña**: Dedica dinero extra además del pago mínimo a la deuda más pequeña.

- **Celebra cada vez que saldes una deuda**: Cada deuda pagada es un logro más y una deuda menos. Esto alimenta tu motivación para abordar la siguiente deuda de la lista de igual manera.

Si bien puede que no sea el método más óptimo desde un punto de vista financiero, el impacto psicológico no se puede ignorar. Liquidar deudas más pequeñas rápidamente te da una prueba de la victoria, animándote a mantener el rumbo y construir impulso.

2. Método "avalancha"

Adopta un enfoque más estratégico priorizando el pago de las deudas con las tasas de interés más altas, independientemente del tamaño de la deuda.

Al centrarte en las deudas con intereses altos, se reduce el monto total de interés que pagarías con el tiempo.

Así es como funciona:

- **Enumera las deudas por tasa de interés**: Organiza tus deudas en orden descendente según sus tasas de interés, independientemente del saldo.

- **Paga los mínimos en todas las deudas:** Similar a la "bola de nieve", continúa haciendo pagos mínimos en todas las deudas.

- **Concéntrate en la deuda con intereses altos**: Canaliza tus fondos adicionales hacia la deuda con la tasa de interés más alta, minimizando efectivamente las deudas más costosas primero.

- **Reduce el interés general**: Al enfocarte en deudas con intereses altos, estás ahorrando más dinero en pagos de intereses con el tiempo.

Si bien el método "avalancha" podría no proporcionar el mismo efecto inmediato o impulso psicológico como la "bola de nieve", ofrece beneficios financieros a largo plazo de ahorro y eficiencia, convirtiéndolo en una opción para quienes priorizan optimizar su estrategia de pago de deuda.

Elige Tu Estrategia

Ahora, la elección entre el método de la "bola de nieve" o la "avalancha" depende de tu situación financiera y tu forma de pensar.

Si te motivan las pequeñas victorias y necesitas ese empujón extra, la "bola de nieve" puede ser efectiva. Por otro lado, si deseas minimizar los pagos de intereses, la "avalancha" podría ser tu estrategia preferida.

Ambas son estrategias válidas para lograr libertad financiera; La clave está en seleccionar la que resuene contigo y se alinea mejor con tus objetivos financieros.

Ya sea que estés motivado(a) por ganancias rápidas o interesado(a) en optimizar el ahorro de intereses, el objetivo sigue siendo el mismo: **deshacerse de la responsabilidad y el lastre energético de las deudas** con intereses altos y crear una base sólida para tu viaje financiero.

3. PRESUPUESTA, PROTEGE Y PON A TRABAJAR TU DINERO

Imagina tu dinero como un barco en aguas desconocidas. Sin guía, vaga sin rumbo. Ordenar tu dinero consiste en tomar el timón y dirigirlo con propósito hacia las costas del éxito financiero.

*"Un presupuesto es indicarle a tu dinero a donde
ir en lugar de preguntarte a dónde se fue."*
—*John C. Maxwell*

Al crear sistemas estructurados, comprender los enfoques de inversión y explorar diferentes mercados, no solo estás administrando dinero, estás orquestando una sinfonía de crecimiento exponencial.

Ordenar tu dinero te permite trazar un rumbo hacia tus objetivos, garantizando que cada decisión financiera te acerque más a tus aspiraciones.

Construye un sistema en automático para tu dinero: 70/15/10/5, 50/30/15/5 ó 20/45/30/5

"No se trata del monto, se trata del hábito."
—*Sebastián Beja*

(Esta idea por si sola ya te paga toda una maestría en finanzas personales, y probablemente sea lo mejor que vayas a descubrir de aquí en adelante sobre administración de tu dinero… A mí, me cambió la vida)

Considera tu sistema de presupuestación como tu brújula financiera. Este conocimiento te permitirá tomar decisiones informadas de manera rápida y asignar más fondos a las distintas cuentas, acercándote poco a poco a tu objetivo.

Los distintos sistemas garantizan que cada dólar ganado tenga un propósito, optimizando tu progreso financiero:

- **70, 50 ó 20% para necesidades básicas**: ¡Este es tu nuevo presupuesto de gastos! Ya no gastarás todo tu dinero. Ahora bien, solo porque ganes X monto no significa que puedas gastártelo todo. No gastar todo tu dinero es la primera parte para volverse libre financieramente.

- **15, 30, ó 45% para invertir:** Esta parte es tu camino hacia el progreso y crecimiento. Ya sea que estés invirtiendo en acciones, bienes raíces, fondos para la jubilación o incluso en tu propio desarrollo personal, dedicar un % de tus ingresos a inversión significa que estás comprometido constantemente en alcanzar tus aspiraciones. Con el tiempo, estas contribuciones disciplinadas se convierten en hitos significativos. Créeme.

- **10, 15, ó 30% para ahorrar:** Esta porción no siempre es divertida, sin embargo, es necesaria. Destina un % de tus ingresos al ahorro, porque la vida pasa. Una vez que alcances tu objetivo de ahorro personal (aquellas metas de ahorro que hablamos previamente) tendrás a disponibilidad este porcentaje para destinar donde gustes.

- **5% para disfrutar:** Este es tu dinero de placer culpable, tu cuenta de rico o de caridad, como quieras llamarle. De aquí no debes rendirle explicaciones de nada a nadie, gástatelo en lo que quieras y como quieras, disfrútalo al máximo y sin sentimientos encontrados.

  Te lo has ganado. Esta cuenta equilibra a todas las personalidades acerca del dinero (*Ahorrador, Gastador, Monje y Evitador*).

Las 4 Personalidades Acerca Del Dinero:

¿Alguna vez te has preguntado qué tipo de relación tienes con el dinero?

Desde el "ahorrador prudente" (mi caso) hasta el "aventurero derrochador", existen cuatro personalidades acerca del dinero que pueden influir significativamente en tu vida financiera.

Descubrir la tuya te ayuda a comprender mejor los patrones inconscientes de comportamiento que terminan por afectar tu flujo de dinero.

- **Ahorradores**: Tienen un presupuesto y lo siguen religiosamente. Les cuesta gastar dinero en placeres y entretenimiento. Les gusta invertir, se preocupan por la liquidez, necesitan un colchón financiero perfectamente guardado que les brinde tranquilidad y saben a detalle sus números. Le dan prioridad al futuro más que al presente.

- **Gastadores**: Disfrutan comprarse bienes para placeres inmediatos. Personas que obtienen satisfacción en hacerse –y hacer– regalos. Le dan prioridad al presente más que al futuro. Es muy posible que tengan deudas malas de consumo.

- **Monjes**: Piensan que el dinero es algo sucio o algo malo. La raíz de todo mal. Se sienten incómodos cuando ganan dinero y tienden a deshacerse de él rápidamente. Piensan que quienes ganan mucho dinero se venden o corrompen.

- **Evitadores:** No quieren ni oír hablar de dinero. No quieren hacer presupuestos ni llevar registros financieros. No saben cuánto dinero tienen o cuánto dinero deben. Personas que se sienten continuamente en parálisis en temas financieros.

Tener una mayor comprensión de tus hábitos con el dinero te permite mejorar tu relación con él. Por ejemplo:

Si eres un "ahorrador prudente", podrías aprender a equilibrar la seguridad financiera con la inversión en oportunidades que te ayuden a crecer.

Si eres un "derrochador aventurero", podrías encontrar formas de canalizar tu espíritu de riesgo hacia inversiones más audaces y con mayor retorno.

Invierte Activa Y/O Pasivamente: Protege Tu Dinero Y Ponlo A Trabajar

Bienvenido a la encrucijada de las estrategias de inversión.

La elección entre enfoques de inversión activa y pasiva puede influir significativamente en el rendimiento de tu cartera y en tu recorrido financiero general.

Comprender cada método es fundamental a medida que te embarcas en tu camino hacia la generación de riqueza y libertad financiera.

Ya sea que te atraiga la gestión práctica o busques un enfoque más ágil, comprender estas opciones te permitirá diseñar una estrategia de inversión alineada con tus propias aspiraciones financieras y tu tolerancia al riesgo.

Inversión Activa: Un Enfoque Práctico

Los " *inversores activos*" realizan investigaciones exhaustivas, analizan estados financieros, tendencias del mercado e indicadores económicos para seleccionar inversiones individuales. El objetivo es superar al mercado aprovechando las oportunidades y adelantándose a las tendencias.

Suelen administrar activamente su cartera y tomar decisiones frecuentes para comprar, vender o ajustar inversiones basadas en investigaciones y análisis.

Están en constante búsqueda de un rendimiento superior.

El atractivo de la inversión activa reside en el potencial de superar al mercado.

Los inversores activos cualificados tienen como objetivo identificar activos infravalorados o aprovechar las tendencias del mercado para lograr rendimientos que superen los promedios del mercado.

Tiempo y experiencia es lo que necesitan. La inversión activa exige un compromiso, una investigación minuciosa, un seguimiento constante de las condiciones del mercado y una rápida toma de decisiones con componentes esenciales.

- Ventajas de la inversión activa:

- Potencial de mayores retornos a través de una selección calificada de activos.
- Atractivo y emocionante para aquellos interesados en la dinámica del mercado.
- Oportunidades para obtener ganancias rápidas basadas en análisis y tendencias del mercado.

- Contras de la inversión activa:

- Mayores costos debido a tarifas y posibles implicaciones fiscales.
- Mayor compromiso de tiempo para la investigación, el análisis y la toma de decisiones.
- Mayor exposición al riesgo debido a la volatilidad del mercado y al desempeño de los activos individuales.

Inversión Pasiva: Simplificando Tu Enfoque

Los *"inversores pasivos"* adoptan un enfoque más amplio al invertir en fondos indexados o ETFs que imitan los puntos de referencia del mercado. El objetivo es igualar el desempeño del mercado en lugar de intentar superarlo. Este método requiere menos tiempo y experiencia, lo que lo hace atractivo para quienes buscan un enfoque de no intervención.

Siguen el mercado en lugar de seleccionar activamente acciones o activos individuales, los inversores pasivos pretenden igualar los rendimientos de un índice de mercado o de un sector en específico.

A menudo logran la diversificación invirtiendo en fondos indexados o fondos cotizados en bolsa (ETFs) que rastrean amplios segmentos del mercado. Esta diversificación minimiza el riesgo asociado con el desempeño de los activos individuales.

Requiere menos compromiso de tiempo y experiencia en comparación con la inversión activa. Es una opción ideal para aquellos con estilos de vida ocupados que prefieren un enfoque no intervencionista y al mismo tiempo buscan rentabilidades sólidas a largo plazo.

- Ventajas de la inversión pasiva:

- Se requiere menor compromiso de tiempo y experiencia.
- Costos más bajos debido a menos actividades comerciales.
- Diversificación y estabilidad mediante el seguimiento de índices.

- Contras de la inversión pasiva:

- Las caídas del mercado afectan a la cartera sin una gestión activa.
- Potencial de perder oportunidades de obtener mayores rendimientos.
- Puede dar lugar a rentabilidades más modestas en comparación con las estrategias activas.

La elección entre inversión activa y pasiva depende de tus objetivos financieros, tu tolerancia al riesgo y tu tiempo disponible.

¿Estás buscando participar activamente en el mercado para lograr potencialmente rendimientos superiores, o priorizas un enfoque más ágil con los beneficios de la diversificación y los costos más bajos?

Algunos inversores optan por una combinación de ambas estrategias. Por ejemplo, una cartera central de inversiones pasivas podría complementarse con una pequeña porción asignada a estrategias activas, satisfaciendo tanto el deseo de estabilidad como el potencial de mayores ganancias.

Recuerda que no existe un enfoque único que sirva para todos. Tu elección debe alinearse con tus aspiraciones financieras, tu umbral de riesgo y los recursos que dispones. Ya sea que elijas dirigir activamente tus inversiones u optar por un enfoque más "no intervencionista", la clave es tomar decisiones informadas que resuenen con tus objetivos a **largo plazo**. (Nota: recalco "largo plazo", porque esto de invertir no es de ganar mañana; no necesariamente).

Tu estrategia de inversión da forma a tu recorrido financiero, así que elige sabiamente.

"Si no sabes en qué invertir, invierte en ti mismo(a)."

En un comienzo yo tampoco entendía nada de este mundo de las inversiones, es por eso que recordar este principio fue lo que me permitió avanzar y pasar de no entender nada de inversiones a dirigir una cartera de inversionistas.

Dicho eso hay dos maneras prácticas de entender cómo funcionan las inversiones.

Apreciación Vs Flujo De Caja:
Comprensión Del Rendimiento

1. Apreciación

"Aumento en el valor de un activo a lo largo del tiempo."

Piensa en esto como plantar una semilla que madura y se convierte en un árbol.

Cuando inviertes para obtener apreciación, cuentas con que el valor del activo aumente con el tiempo. Esto es común en bienes raíces y acciones, donde buscas vender a un precio más alto de lo que pagaste.

Es una estrategia a largo plazo que requiere paciencia y capacidad para surfear las fluctuaciones del mercado.

La apreciación ofrece el potencial de obtener retornos sustanciales, especialmente en mercados con un fuerte potencial de crecimiento.

Sin embargo, suele ser menos predecible y puede requerir un horizonte de inversión más largo para obtener ganancias significativas.

"Invierte todo lo que puedas en ti, es deducible de impuestos y nunca lo perderás. El aprecio personal siempre será mayor que cualquier otro activo."
—Grant Cardone

2. Flujo de caja. *"Cash Flow"*

Imagina ahora tus inversiones como un árbol que da frutos con regularidad. El "flujo de caja" son:

"Ingresos continuos que generan tus inversiones."

Estas inversiones proporcionan un flujo constante de ingresos, lo que puede resultar especialmente beneficioso durante la jubilación o cuando se busca apoyo financiero regular.

Por ejemplo, las propiedades de alquiler generan ingresos por alquiler y las acciones que pagan beneficios proporcionan pagos de dividendos regulares.

Sin embargo, podrían ofrecer un crecimiento del capital más lento en comparación con los activos centrados principalmente en la apreciación, como el bitcoin o el oro.

¿Qué enfoque es mejor entonces?

Tu elección entre apreciación y flujo de caja depende de tus objetivos de inversión.

¿Estás buscando ganancias rápidas mediante la apreciación o un flujo constante de ingresos mediante el flujo de caja?

Equilibrar ambos puede proporcionar una cartera diversificada que ofrezca una combinación de potencial de crecimiento y estabilidad. Además, debes evaluar tu tolerancia al riesgo. Si bien la apreciación puede generar ganancias significativas, suele ir acompañada de una mayor volatilidad. Las inversiones en flujo de caja tienden a ser más estables, sin embargo, pueden ofrecer rendimientos más modestos.

Comparación De Vías De Inversión: Inversión Inmobiliaria Vs Inversión En El Mercado De Valores Vs Inversión En Bonos

"Nadie puede trabajar 24/7, a excepción del dinero."

1. Inversión inmobiliaria

La inversión inmobiliaria implica la compra de propiedades físicas (viviendas residenciales, espacios comerciales o propiedades de alquiler) con el objetivo de generar ingresos y apreciación del capital.

Es un esfuerzo práctico que exige una cuidadosa selección, administración y mantenimiento de la propiedad.

Las propiedades de alquiler ofrecen la posibilidad de generar un flujo de caja constante a través de alquileres mensuales, mientras que los valores de las propiedades pueden apreciarse con el tiempo.

Sin embargo, los bienes raíces requieren un capital inicial sustancial, un mantenimiento continuo y conocimiento del mercado.

2. Inversión En El Mercado De Valores

La inversión en el mercado de valores (o bolsa de valores) te permite comprar acciones de empresas, lo que te convierte en propietario parcial con derecho a una parte de las ganancias y dividendos del éxito de esa empresa.

Es un activo líquido y accesible que ofrece una variedad de opciones de inversión, desde acciones individuales, fondos de inversión inmobiliaria (FIIs), hasta fondos cotizados en bolsa (ETFs).

Si bien las acciones pueden ofrecer rendimientos sustanciales a través de la apreciación del capital, vienen acompañadas de volatilidad en el mercado.

La inversión en el mercado de valores requiere investigación, mantenerse informado sobre las tendencias del mercado y la voluntad de resistir las fluctuaciones del mercado.

3. Poner Dinero En Bonos (Títulos De Deuda O Instrumentos De Renta Fija)

Piensa en los bonos como si prestaras dinero y ganaras intereses a cambio. Cuando inviertes en bonos, básicamente estás otorgando un préstamo a gobiernos (bonos del tesoro) u organizaciones.

A cambio de tu inversión, recibes pagos de intereses regulares (pagos de cupones) y la devolución de tu monto principal cuando vence el bono. Los bonos suelen considerarse inversiones de menor riesgo en comparación con las acciones, lo que los convierte en una opción popular para los inversores conservadores que buscan ingresos estables. Sin embargo, suelen ofrecer rendimientos potenciales más bajos. Invertir en bonos requiere comprender las tendencias de las tasas de interés y la calidad crediticia.

Elegir entre las diversas opciones de inversión implica una consideración cuidadosa de tus objetivos financieros, apetito por el riesgo y preferencias personales.

Cada uno ofrece oportunidades y desafíos únicos en temas de:

- Participación y Gestión.
- Liquidez y Flexibilidad.
- Capital inicial y accesibilidad.
- Dinámica de Riesgo y Retorno.

Veamos.

1. Bienes raíces: las inversiones inmobiliarias combinan el potencial de flujo de caja y apreciación, ofreciendo una doble ventaja. Las propiedades de alquiler proporcionan un flujo de ingresos constante, mientras que el valor de la propiedad puede apreciarse con el tiempo.

Sin embargo, la inversión inmobiliaria conlleva responsabilidades de gestión de la propiedad y exposición a las fluctuaciones del mercado.

La inversión inmobiliaria requiere una participación activa. La administración de propiedades, las relaciones con los inquilinos y las decisiones relacionadas con la propiedad exigen tu tiempo y atención. Los inversores inmobiliarios exitosos poseen una combinación de conocimiento del mercado, habilidades de negociación y perspicacia en la gestión de propiedades.

Los bienes raíces a menudo exigen una inversión inicial sustancial.

La compra de una propiedad requiere no solo el precio de compra sino también fondos para mantenimiento, renovaciones y posibles costos de administración de la propiedad.

Las inversiones inmobiliarias son relativamente ilíquidas, es decir, no es fácil convertirlas en efectivo, lo que significa que vender una propiedad podría llevar tiempo debido a las condiciones del mercado y a factores específicos de la propiedad.

2. Acciones: Las acciones tienen el potencial de generar altos rendimientos, impulsados por el crecimiento y la rentabilidad de las empresas en las que inviertes. Sin embargo, el mercado de valores es conocido por su volatilidad: los precios pueden dispararse o caer debido a eventos económicos, cambios en la industria y las decisiones de los inversionistas.

Las acciones se pueden gestionar de forma pasiva o activa. Los inversores pasivos suelen elegir fondos indexados o ETFs que siguen segmentos de mercado, minimizando la necesidad de una gestión práctica. Los inversores activos profundizan en la investigación, analizando el desempeño de la empresa, las tendencias de la industria y las condiciones del mercado para tomar decisiones informadas.

Las acciones ofrecen varios puntos de entrada, lo que las hace accesibles a una amplia gama de inversores.

Puedes comenzar a invertir en acciones con una cantidad de capital relativamente modesta, y opciones como acciones fraccionarias brindan aún más flexibilidad.

Las acciones son generalmente más líquidas, lo que significa que tienes la capacidad de comprar y vender tus inversiones más rápidamente. El mercado de valores ofrece oportunidades comerciales diarias.

3. Bonos: Los bonos son famosos por su estabilidad y sus ingresos consistentes. Ofrecen pagos de intereses fijos y la devolución del capital al vencimiento. Si bien es posible que no proporcionen el mismo nivel de crecimiento potencial que las acciones o los bienes raíces, los bonos están menos sujetos a la volatilidad del mercado.

Invertir en bonos requiere comprender las tendencias de las tasas de interés y la calidad crediticia del emisor. Monitorear las calificaciones crediticias y evaluar el riesgo asociado con diferentes bonos es crucial para una toma de decisiones informada.

Los bonos también ofrecen distintos niveles de inversión, lo que te permite adaptar tus inversiones a tu capital disponible. Los bonos gubernamentales y los bonos corporativos pueden tener diferentes requisitos mínimos de inversión.

Los bonos (similar a las acciones) son generalmente más líquidos, lo que significa que tienes la capacidad de comprar y vender tus inversiones más rápidamente.

Los bonos también se pueden negociar en los mercados secundarios, esto significa que, después de que alguien compra un bono, puede venderlo a otra persona. No tienes que esperar hasta que el bono venza (es decir, hasta que termine su plazo) para obtener tu dinero. Puedes venderlo antes en el mercado secundario, que es un lugar donde los inversores compran y venden bonos entre ellos. Esto hace que los bonos sean más fáciles de convertir en efectivo cuando lo necesites.

Cada uno ofrece ventajas y consideraciones distintas, y tu decisión debe reflejar un equilibrio entre los rendimientos potenciales y la cantidad de esfuerzo y riesgo que estás dispuesto(a) a asumir.

Diseño de estilo de vida:
la clave para la planificación de tu jubilación

"¿Cuál es tu número para ser financieramente libre?"

Examina las expensas anuales de tu estilo de vida ideal y calcula tus requisitos de libertad financiera utilizando la regla del 4% o el método de Cash Flow.

Vamos a usar todo lo aprendido hasta ahora,

Ejemplo:

Si mi estilo de vida ideal supone un ingreso aproximado de seis cifras al año ($100 000) de los cuales 20% van a mis necesidades básicas. Entonces…

(0,20*100 000) = $20 000 al año en expensas.

a) Con la regla del 4% el cálculo sería,

    Mi número para ser libre financieramente = ($20 000 / 0,04)
    Mi número para ser libre financieramente = $500 000
    en patrimonio.

De esta forma podría vivir libre financieramente hasta 25 años con el 4% de mi patrimonio. Claro, este cálculo bien podría variar ligeramente por temas de inflación en la economía y no sería muy útil si pienso vivir una vida más longeva.

b) Con el método de Cash Flow sería,

($20 000/0,10) = $200 000 ≤ # para ser libre financieramente ≤ ($20 000/0,03) = $666 666

Suponiendo una rentabilidad de flujo de caja entre el 3% al 10% anual del total de mis inversiones que financien mi estilo de vida.

Ahora la pregunta sería, "¿Cómo puedo hacer para llegar a invertir lo más rápido posible esta cantidad?"

Y claro, ese ejemplo suponiendo quieras destinar solo el veinte por ciento a expensas básicas.

Si tu sistema de presupuestación es distinto, realiza el cálculo con el respectivo %.

"Libertad financiera significa, que tienes suficiente flujo de caja proveniente de tus inversiones para cubrir tus expensas."

4. VIVE SIN INTERESES

Vivir sin intereses no se trata solo de evitar deudas; es un enfoque estratégico para las decisiones financieras que pueden moldear tu trayectoria financiera.

Al reconocer tus deseos frente a tus necesidades, y lo que puedes y no puedes permitirte, priorizas tu riqueza y te proteges de cargas financieras innecesarias.

1. Costearse vs Comprarlo: el cambio de mentalidad

"La razón por la que tanta gente está en quiebra financiera es porque compran lo que creen que pueden costearse."

Costearse: imagina que estás comprando un automóvil. Costeártelo, por definición, significa ser capaz de producir lo suficiente para cubrir los gastos que ocasiona.

Es decir, considerar no solo el precio de compra inicial, sino también tener en cuenta los costos asociados como seguro, mantenimiento y combustible.

Comprarlo: Ahora, imagínate el mismo automóvil, pero centrándote únicamente en su precio. Comprar en este contexto significa adquirir el automóvil sin una comprensión integral de cómo afecta tu estabilidad financiera.

Este enfoque a menudo conduce a endeudarse, lo que erosiona tu base financiera que nos ocupamos de montar previamente.

Cuando quise comprar mi primer vehículo motorizado en 2021 busqué los mejores consejos sobre adquisición de bienes pasivos (que pierden valor en el tiempo) que me permitiesen tomar una decisión informada para ver si podía o no comprar dicha motocicleta.

En resumen, di con <u>3 consejos básicos y elementales para diagnosticar una compra que quieras realizar</u>:

- Debes poder comprarte mínimamente dos de lo mismo. - Jay Z.
- Debe ser pago con tus ingresos pasivos y no con tu trabajo. - Grant Cardone.
- Debes ser capaz de pagarlo al contado sin financiamiento para evitar crear interés sobre la deuda. - Jaspreet Singh.

Idealmente podrás cumplir con los tres requisitos.

En mi caso no fue así, sin embargo, usé un método híbrido, entre Robert Kiyosaki y su estrategia de *Cash Flow,* sumado al pensamiento de Sergio Fernández que responde a la pregunta, *"¿Quién lo ha de pagar? Yo No."* Similar al consejo de Grant Cardone.

Entonces, ¿qué fue lo que hice…? Presta atención.

En aquel entonces alquilé un pequeño cuarto a un amigo. Teniendo en cuenta el ingreso en pasivo que esa renta me generaba, hice números para ver con qué cuota inicial y a cuántos meses financiados podría yo pagar, mes a mes, a la concesionaria un valor igual o menor al que generaba en pasivo. (No es una recomendación de ninguna manera)

Ahora en números, generaba un ingreso pasivo de $120 del alquiler del cuarto. Di una cuota inicial de $500 y financié la moto a 18 meses con interés fijo a una cuota mensual de poco más de $120, es decir, prácticamente la cuota mensual se cubría sola con el ingreso que me generaba el alquilar el cuarto a este mi amigo.

Es así como realicé la compra de la manera más estratégica posible para aquel entonces en la situación en la que me encontraba.

Si no cumples con alguno de ellos te recomendaría meditar seriamente sobre si puedes o no permitírtelo.

Aprovecho para contarte una movida similar que hice para mi primer préstamo bancario en Brasil, que me permitiese cerrar el mes en números verdes y que usé literalmente para solo invertir en la bolsa.

Fuc más un experimento, que otra cosa, para poner a prueba mis habilidades financieras, endeudándome a propósito para invertir, es decir, comprar activos (no pasivos), después de haber hecho un cálculo similar al que te conté anteriormente y pagar la deuda de la manera más eficiente. (No es una recomendación de ninguna manera.)

Ahora en números, me presté $300 a 12 meses con una cuota mensual de $29 aproximadamente.

Es decir, entendiendo el principio de que **el dinero vale más hoy que mañana** (por la _inflación_) cuanto antes invertirlo mejor.

Pensé y dije, ¿puedo crear una fuente de ingreso en pasivo que me genere esos veintinueve dólares al mes —como mínimo— sin trabajar horas extras?

(Algunos se estarán riendo de mí en este momento, lo entiendo, estamos hablando de montos ínfimos, sin embargo, mejor practicar en pequeño y luego escalar a grande ¿no?)

Entonces, para aquel momento mis inversiones ya generaban $15/mes de manera recurrente.

Destinaba otros $10/mes a una caridad, entonces era un dinero que ya estaba acostumbrado a no disponer y lo que hice fue cancelar mi donación a partir de la fecha en que realicé el préstamo para contar con esos diez dólares extras. Además, pensaba incrementar mi *Cash Flow* con las inversiones que hice justo con el dinero que me presté del banco. De esa manera llegaría a cubrir sin sentirlo y de manera automática sin mayor esfuerzo ni horas extras la cuota mensual. (Al tiempo que colocaba en práctica los métodos de cómo quitarse la deuda que enseño en este libro también.)

Vale decir, un experimento exitoso en todo sentido. Que me dio confianza para posteriormente realizar operaciones que ya tenía en la cabeza con números de mayor proporción.

Te invito a experimentar por tu cuenta, haciendo tus diligencias, obviamente, sin embargo, no temas equivocarte, que así se aprende.

"Empieza en pequeño, piensa en grande, escala rápido."

Volviendo al tema,

Replanteando la pregunta:
¿En verdad puedes permitírtelo? (Costeártelo)

Cuestionar nuestras decisiones: Cuando nos enfrentamos a una compra, a menudo nos preguntamos: "¿Puedo permitírmelo?".

Esta pregunta implica que, mientras nuestros recursos financieros actuales puedan cubrir el costo, podemos continuar. Sin embargo, un enfoque más estratégico implica preguntar: "¿Esta compra se alinea con mis objetivos, valores y prioridades financieras?"

Costo más allá del precio: la verdadera asequibilidad considera las implicaciones a largo plazo de una compra. Tiene en cuenta los gastos continuos, los costos de mantenimiento y si el artículo contribuye a tu salud financiera general o le resta valor.

Comprender los costos de oportunidad

Cada decisión financiera conlleva un costo de oportunidad: los beneficios potenciales a los que se renuncia al elegir una opción sobre otra.

Por ejemplo, gastar dinero en un artículo de lujo podría significar perder la oportunidad de invertir ese dinero y potencialmente generar retornos futuros.

Cambiar tu forma de pensar de "asequibilidad" a "valor" te lleva a evaluar cómo encaja una compra en tu estrategia financiera más amplia.

Priorizar el valor te ayuda a tomar decisiones que se alinean con tus objetivos y maximizar los beneficios que obtienes con el tiempo.

> ## "Compra poco, pero cuando lo hagas, compra lo mejor y sin mirar el precio."

2. Deja de financiar cosas que no te pagan

Una de las claves para vivir sin intereses es dejar de financiar cosas que no contribuyen a tu crecimiento financiero. En lugar de gastar en *pasivos*, que solo te cuestan dinero y no te generan dinero, canaliza tus recursos hacia *activos*: elementos que tienen el potencial de apreciarse, generar ingresos o aumentar tu patrimonio neto con el tiempo.

El ciclo de las deudas y los pasivos:

La cultura del consumo a menudo nos anima a disfrutar de una gratificación inmediata, generalmente a costa de nuestro futuro financiero.

Los pasivos financieros (artículos cuyo valor se deprecia con el tiempo) perpetúan un ciclo de acumulación de deudas sin el correspondiente aumento de riqueza.

Piensa en los últimos dispositivos, artículos de lujo o experiencias fugaces que se financian mediante préstamos o tarjetas de crédito. Estos son pasivos que pesan sobre tu progreso financiero.

El principio de creación de riqueza:

Financiar cosas que no te pagan, como activos que se deprecian, es como construir tu futuro financiero sobre cimientos inestables.

Cambiar tu enfoque de financiar pasivos a invertir en activos marca un paso significativo hacia liberarte de las garras de la deuda.

Los intereses que podrías pagar sobre tus pasivos solo profundizan tus obligaciones financieras, mientras que los intereses obtenidos de activos que generan ingresos funcionan a tu favor.

El quid de la cuestión reside en el principio de creación de riqueza:

"Dirige tus recursos financieros hacia activos que te pagan de vuelta."

En lugar de invertir dinero en artículos que pierden valor con el tiempo, considera invertir en activos que tengan el potencial de apreciarse, generar ingresos o contribuir a tu patrimonio neto.

Considera los siguientes aspectos clave:

- **El interés se suma:** Cuando financias un activo que se deprecia, como un automóvil o un dispositivo electrónico, no solo estás pagando el precio original; además estás pagando intereses.
  Con el tiempo estos pagos de intereses pueden acumularse significativamente, inflando efectivamente el costo total del artículo.

- **Placer fugaz:** Si bien el atractivo de un automóvil nuevo o el último dispositivo es innegable, la emoción se desvanece rápidamente. Lo que queda son los pagos mensuales y la comprensión de que la compra no contribuye a tu bienestar financiero a largo plazo.

Al comprender la diferencia entre costearse y comprar, y al evitar financiar activos que se deprecian, estás dando **un paso sustancial hacia la libertad financiera.**

A medida que cambias tu perspectiva del financiamiento a la inversión, estás construyendo una vida en la que tu dinero trabaja para ti, lo que en última instancia conduce a un futuro de abundancia y oportunidades.

"Primero el flujo, después el lujo."
—Sergio Fernández

5. LO IMPORTANTE

El dinero es una herramienta que nos ayuda a conseguir las cosas que queremos de la vida. En pocas palabras, el dinero amplifica lo que ya existía, dando a las personas buenas más dinero para hacer más cosas buenas y a las personas malas más dinero para hacer cosas malas.

No solo eso, sino que una vez que tienes dinero, siempre habrá gente tratando de aprovecharlo.

En esta sección profundizaremos en pasos cruciales, que a menudo se pasan por alto, pero que son esenciales para el éxito a largo plazo.

1. La importancia de los escudos legales y financieros

A medida que tu riqueza crece, también crece la necesidad de protegerla de circunstancias imprevistas que podrían amenazar su integridad.

El establecimiento de estructuras legales, como compañías de responsabilidad limitada (donde si la empresa enfrenta problemas legales o deudas, los activos personales del propietario generalmente están protegidos) o fideicomisos (transferir la propiedad de tus activos a una entidad fiduciaria que los gestiona), crea una barrera entre tus activos personales y tus pasivos potenciales.

Esta separación protege el patrimonio que tanto te costó ganar y garantiza que permanezca intacto incluso si enfrentas desafíos legales o riesgos comerciales.

Además, los escudos legales y financieros contribuyen a la planificación del legado a largo plazo. Al segregar tus activos a través de estructuras legales, garantizas una transición más fluida para tus herederos y beneficiarios en caso de tu fallecimiento.

Este enfoque proactivo no solo salvaguarda tu patrimonio, sino que también ofrece un plan para que las generaciones futuras administren y hereden tus activos de manera responsable.

2. La importancia de un buen contador

Los impuestos, si bien son una parte esencial de la sociedad, también pueden ser un gasto sustancial que afecta significativamente tu panorama financiero.

Navegar por el complejo ámbito de los impuestos requiere algo más que simplemente completar formularios: exige un enfoque estratégico para optimizar tu obligación tributaria y maximizar tu bienestar financiero.

Aquí es donde la experiencia de un contador resulta invaluable.

Los contadores no son solo para empresas; son tus socios para dominar el intrincado panorama fiscal. Poseen un profundo conocimiento de las leyes, regulaciones y deducciones tributarias que pueden traducirse en ahorros significativos.

Al asociarte con un contador, estarás equipado con una guía que puede ayudarte a navegar por el laberinto de códigos tributarios, asegurándote de aprovechar todas las deducciones y créditos legítimos disponibles para ti.

Además, un contador proporciona claridad en un mar de complejidades financieras.

Ofrecen información sobre cómo estructurar tus ingresos y gastos, ayudándote a tomar decisiones informadas que tienen implicaciones fiscales.

En esencia, un contador no es solo un profesional financiero; es tu aliado en la batalla contra los gastos fiscales innecesarios.

Al optimizar tu estrategia fiscal, contribuye a tu salud financiera al liberar recursos que pueden utilizarse mejor para invertir, ahorrar o cumplir tus demás aspiraciones en vez de las del sistema.

3. La importancia de una planificación patrimonial

Si bien a menudo nos concentramos en acumular riqueza durante nuestra vida, es igualmente importante considerar cómo se administrará y distribuirá esa riqueza después de que nos hayamos ido.

Aquí es donde interviene la planificación patrimonial, que abarca herramientas como testamentos y fideicomisos. La planificación patrimonial no es solo para los ricos, es un paso crucial para cualquiera que quiera asegurarse de que sus activos se administren y transmitan de acuerdo con sus deseos.

¿Qué es un testamento?

Un testamento es un documento legal que describe cómo deseas que se distribuyan tus bienes, propiedades y pertenencias después de tu fallecimiento.

Proporciona claridad y previene posibles conflictos entre tus seres queridos al definir claramente tus intenciones.

Al crear un testamento, no solo garantizas que tus bienes vayan a las personas o causas que te interesan, sino que también minimizas la probabilidad de disputas que podrían surgir en ausencia de instrucciones claras.

¿Qué es un fideicomiso?

Los fideicomisos, por otro lado, ofrecen una capa adicional de flexibilidad y control sobre cómo se administran y distribuyen tus activos.

Los fideicomisos pueden describir condiciones específicas para la distribución de activos, asegurando que tus intenciones se cumplan incluso después de tu fallecimiento.

Los fideicomisos también pueden minimizar los impuestos sobre el patrimonio y proteger tus activos de los acreedores, brindando mayor seguridad a sus beneficiarios.

La planificación patrimonial no se trata únicamente de finanzas, es un enfoque integral para transmitir **tu legado**.

Te permite considerar el bienestar de tus seres queridos, brindándoles seguridad y estabilidad financiera en tu ausencia.

Es un testimonio de tus valores, esperanzas y aspiraciones.

Al tomarte el tiempo para crear un testamento o un fideicomiso, no solo proteges tus activos, sino que también dejas un legado duradero que refleja tus prioridades y garantiza el bienestar de tus seres queridos para las generaciones venideras.

4. La importancia de retribuir

"La gratitud por tu riqueza se expresa retribuyendo a tu comunidad."
—Marie Diamond.

Si bien generar riqueza es una búsqueda vital, nunca se debe subestimar la importancia de retribuir a la sociedad.

Filantropía: el acto de donar a causas benéficas va más allá de las transacciones monetarias; se trata de crear un impacto positivo que se extienda mucho más allá de tu esfera personal.

Adoptar la filantropía como un valor fundamental en tu trayectoria financiera genera una sensación de propósito y satisfacción que no se puede medir únicamente en "dólares".

Creando Un Impacto Duradero

Retribuir enriquece tu vida de manera profunda. Te conecta con causas que resuenan con tus valores, brindándote una vía para marcar la diferencia en áreas que te apasionan.

Canalizar tus recursos hacia iniciativas caritativas contribuye al mejoramiento de las comunidades, apoya investigaciones vitales y brinda asistencia a quienes la necesitan.

Esta sensación de contribuir a algo más grande que uno mismo, puede ser profundamente gratificante y darle a tu viaje financiero una sensación de significado más allá de las ganancias financieras.

Además, la filantropía sirve de ejemplo para los demás, inspirando un efecto dominó de cambio positivo. Tus acciones demuestran que:

"El éxito no se trata únicamente de acumular riqueza; se trata de utilizar esa riqueza para elevar y mejorar la vida de los demás."

En esencia, retribuir es una inversión en el bienestar de la sociedad y un testimonio de los valores que dan forma a tu trayectoria financiera.

Es un reconocimiento de tu capacidad para crear cambios positivos y una oportunidad de dejar una huella que trascienda las transacciones económicas.

CONCLUSIÓN

"Lo que hacen las personas ricas
es que primero se pagan a sí mismas
y luego gastan lo que queda."
—Jaspreet Singh

Los días de trabajar, ahorrar algo de dinero y retirarte con una buena jubilación por parte del gobierno, se han esfumado.

Cada día más y más personas luchan con sus responsabilidades financieras:

- 44% de la población no podría pagar un gasto imprevisto de $1000.

- 54% de la población está gastando sus ahorros en pagar por sus expensas diarias.

- 73% de la Generación Z (nacidos entre 1995-2000) prefieren disfrutar su dinero AHORA, en vez de ahorrar para el FUTURO.

- Menores de 35 años acumulan cada vez menos riqueza, habiendo caído su patrimonio un 26% en los últimos dos años.

- La tasa promedio de inflación anual desde 1913 hasta 2020 fue aproximadamente del 3,14%, lo que quiere decir que si tienes una tasa de interés del 4% en una cuenta de ahorros, tu tasa de interés real (ajustada por inflación) sería solo del 0,86%.

Para nuestra suerte, también la educación financiera se ha globalizado y popularizado más que nunca.

"Si quieres ganar, financieramente hablando, debes entender cómo funciona nuestro sistema económico."

Dicho esto,

Una generación libre de tener que trabajar ocho horas diarias para centrarse en el trabajo creativo y la autorrealización ha llegado. Si sigues este esquema, un paso a la vez, te habrás librado de la carrera de la rata.

Fase 1. Crea tus bases financieras

- Una mentalidad abundante

    A. Crees que puedes hacerte rico.
    B. Entiendes que hay mucho dinero.
    C. Comprendes que el dinero es energía.

- Entiende las reglas del dinero.
- Paga todas tus deudas con interés.
- Ahorra $2000 para gastos de emergencia.
- Presupuesta entre 3-12 meses de expensas básicas.

*Y si, en este punto no te puedes permitir una membresía de Netflix u otras suscripciones que te quitan tiempo y dinero.

Si me sigues hasta aquí y te quedas hasta el final, verás que las siguientes fases hacen aún más divertido todo…

Fase 2. Automatiza tus finanzas

- Sistemas de presupuestación

    A. 70/15/10/5
    B. 50/30/15/5
    C. 20/45/30/5

- Salda tus deudas restantes sin interés.
- Empieza a invertir cuanto antes y hazlo un hábito.
- Gasta tu dinero sin preocupaciones y de manera inteligente.

*La gente educada financieramente saben qué van a hacer con su dinero mucho antes incluso de que ese dinero llegue a ellos.

A la mayoría le pagan, lo gasta, y luego se pregunta a dónde fue a parar todo ese su dinero. (Lo sé muy bien porque a mí me pasó en repetidas ocasiones.)

A este punto, y si no quieres mandar todo el esfuerzo que hiciste por el retrete, no compres pasivos a crédito ni con préstamos.

Fase 3. Multiplica tus ingresos

- Invierte y re-invierte

  A. Hasta que tu "Cash Flow" > Expensas

  B. Para que tu patrimonio siga creciendo.

- Diversifica tus ingresos.
- Asegúrate de proteger tus activos.
- Devuelve algo a manera de contribución.

*Uno de los mejores, y más rápidos "hacks", para hacerte libre financieramente lo antes posible, es incrementar tus inversiones más rápido de lo que incrementas tus expensas básicas.

Cuida tu dinero, luego él cuidará de ti.

- Antes de hacerte rico, debes poner tus finanzas en orden.

- Antes de poner tu dinero a trabajar, debes trabajar en ti mismo(a) primero.

- Antes de diversificar tus ingresos, debes aprender a administrar el que ya tienes. Cada *dólar* que recibes proviene del trabajo que haces. Por favor, no desperdicies tu trabajo.

Verás, en última instancia, ¿cuál es la diferencia entre una mente pobre, mediocre y rica?

No es cuánto dinero hacen, y no es cuánto patrimonio tienen.

La diferencia está en su pensamiento acerca de cuál es el propósito del dinero.

- La mente pobre piensa que el dinero es para pagar las cuentas.
- La mente mediocre piensa que el dinero es para comprar cosas.
- La mente rica comprende que el dinero es para hacer más dinero.
- Cambia tu pensamiento y cambiarán tus acciones, por tanto, cambiarán tus resultados.

EPÍLOGO

"APRENDER DE DINERO NO SOLO ES NECESARIO, ES SENCILLO."

Al llegar al final de este libro te has embarcado en un viaje de transformación, empoderamiento e iluminación. Desde cultivar una mentalidad adecuada y crear una base financiera sólida hasta tomar decisiones de inversión informadas, has adquirido una comprensión integral de la creación de riqueza.

Recuerda que la riqueza no se trata solo de dinero; pues, cuanto más éxito financiero tienes, más importancia le das al tiempo por encima del dinero.

"Trabaja para invertir en momentos que no tienen precio con personas que valen oro."

Cada parte te ha dotado de conocimientos, estrategias y perspectivas que te permitirán navegar por las complejidades del mundo financiero con mayor confianza y claridad. Al aplicar los principios descritos en este libro, estarás adoptando un camino no solo hacia la libertad financiera sino también hacia la realización personal.

Celebra tu progreso, mantén la curiosidad y continúa ampliando tu educación financiera.

Gana lo suficiente para escapar del sistema. Trabaja solo con personas que respetas y te agradan. Apunta a largo plazo, esto es un maratón, no una carrera de velocidad; es un viaje con propósito que se desarrolla paso a paso. Mientras navegas por las complejidades y disfrutas de las recompensas, nunca olvides la importancia de retribuir, dejar un legado positivo e impactar vidas más allá de la tuya.

Aprecio la confianza y el que hayas invertido tu tiempo en esta poderosa lectura.

¡Que tu viaje financiero esté marcado por el desarrollo personal y profesional, brindándote un continuo éxito y prosperidad!

Agradecimientos

Son tantas las personas involucradas en este proceso creativo que es difícil saber por dónde comenzar. A la mente se me vienen innumerables personas y personajes, colegas y colaboradores, equipo de trabajo y familiares también.

Quiero agradecer a Dios, por bendecirme enormemente y permitirme vivir una experiencia sobrehumana en cuanto a alcanzar metas y desarrollar mi potencial se trata. Estoy cada vez más convencido de que la vida no me debe nada y yo le puedo ofrecer mucho a la misma. Solo tú, Dios, sabes los planes que tienes de aquí en adelante para mí y las personas que se sientan llamadas a conectar con este libro y la saga de Sálvate Primero.

Quiero agradecer también a mi Madre y Padre, no sería la persona que soy sin el ejemplo que he obtenido de ambos. Espero estar cumpliendo de la mejor manera con mi palabra en cuanto a honrarlos y saber aprovechar su legado. Y si, en especial gracias a ti mamá… yo creo que no hay persona más abundante y con el corazón más noble que tú, sé que no es fácil lidiar con un hijo como yo y siempre te tendré presente en mis acciones. Eres una inspiración para mí, y no podría estar más agradecido con la vida sabiendo que estás disfrutando probablemente de tu mejor etapa de vida mientras yo voy escribiendo este libro.

Gracias a todas las personas que participaron y prestaron su conocimiento, además de valiosas lecciones, a través de mi <u>podcast Sálvate Primero</u> durante la creación de este libro, y que sirvieron como fuente de valor y sabiduría para el compilado de todo el contenido que aquí y en mis redes expuse durante esta mi etapa como coach financiero.

Agradezco en adelantado a todas las personas con las que aún no tuvimos la oportunidad de colaborar en el podcast hasta la publicación de mi libro, sin embargo, ya están en la lista de próximos invitados y que seguirán contribuyendo a este movimiento global de prosperidad y abundancia.

Como no a mi equipo de trabajo, editor, diseñador gráfico y maquetador. A quienes pude confiar el proyecto para tenerlo listo en treinta días prácticamente. ¡Muchas gracias son los mejores!

Gracias a este hermoso y rico país, Brasil, donde registro y publico por segunda vez un libro y que me acogió para brindarme las oportunidades y experiencias que necesitaba vivir para conectar con este mi lado emprendedor e inversor, que me conectó con las personas prósperas y lugares abundantes en el momento cierto.

Por último, muchas gracias a todas las personas que creen en mí, que se han servido de mis dones y han confiado su desarrollo y crecimiento a mi capacidad de brindarles valor. A esas personas que asisten a mis conferencias y talleres, que leen mis publicaciones, que interactúan con mi contenido y que de alguna manera quieren sinceramente mi éxito (así como yo el suyo), ustedes saben quiénes son, gracias, de verdad.

Bibliografía

Jaspreet Singh. *How To Build Wealth As An Investor*, 2022 – 2023 Briefs Media, LLC

Víctor H. Méndez Urey. *Sálvate Primero,* Podcast 2024

Roger Hamilton. *The Genius Guide to Wealth Dynamics*

Ken Honda. *Finanzas Inteligentes,* Mindvalley Quest

Jaspreet Singh. *Smart Money,* Mindvalley Quest

El Precio Del Mañana, Película 2011

Paradise, Película 2023